불황을 이기는 힘,
자포스에서 배워라

세계 유일의 기업문화와 고객관리 전략

불황을 이기는 힘, 자포스에서 배워라

이건호 편역
이정일(삼성경제연구소 상무) 감수

The Zappos Miracles!

시목 始木

작지만 놀라운 기업,
자포스가 우리에게 가르쳐주는 것들

이정일 · 삼성경제연구소 상무

경제전문지 〈포춘(Fortune)〉은 매년 미국에서 가장 일하기 좋은 100대 기업을 선정해 발표한다. 직원 1,500명 남짓의 조그만 회사, 그것도 인터넷으로 신발을 판매하는 회사인 자포스(www.zappos.com)가 2010년 일하기 좋은 기업 순위에서 15위를 차지했다. 설립 10년 만인 2008년에는 전자상거래로 연 매출 10억 달러를 돌파했으며, 이듬해 7월 22일 세계적인 전자상거래 회사인 아마존(www.amazon.com)에 12억 달러에 인수되어 세계적으로 화제가 되기도 했다.

많은 경영자와 관리자들은 정말 강하고 좋은 회사가 될 수 있는 방법을 찾아 고민하고 있다. 많은 직장인들 역시 현재 자신들이 근무하는 직장이 일하기 좋은 고성과(高成果)의 조직이 되기를 기대한다.

자포스의 기업 사례를 다룬 이 책은 좋은 회사가 되기 위해 갖춰야 할 조건으로 누구나 한 번쯤 생각하던 것들이 어떻게 실제로 구체화되고 현장에서 실천되고 있는지를 잘 보여준다. 많은 기업들이 일하기 좋은 100대 기업에 선정되었지만, 자포스의 사례처럼 기업문화에 대해 자세히 소개한 예를 찾아보긴 어렵다.

컨설턴트인 저자는 이 책에서 흔히 강조되지만 실제로 구현되기는 어렵다고 생각되던 많은 것들이 자포스의 사례에서 실제로 현실화되고 있음을 사실적으로 그리고 있다. 특히 서비스를 파는 회사가 갖춰야 할 전 임직원의 마음가짐과 자세, 역량뿐 아니라 고객 감동을 위한 업무 방식, 그리고 직원 스스로 자발적이며 주체적으로 미션을 수행하게 만들고 지속적으로 역량을 키워가도록 만드는 다양한 시스템과 자포스의 DNA가 무엇인지를 알려주고 있다는 점에서 핵심가치와 기업문화를 통한 조직 통합 및 고객 만족을 구현하고자 하는 기업들에게 많은 시사점을 던져줄 것이다.

자포스의 직원들은 핵심가치와의 적합성을 확인하는 세밀한 채용 프로세스를 거쳐 채용된다. 그리고 직원들과의 공감을 통해 설정한 10대 핵심가치와 고객 감동에 기초해 자율적으로 업무를 추진한다.

이들에겐 아무런 매뉴얼도 없지만 일의 능률과 성과는 오히려 매우 높다. 이것은 입사 후 다양한 실습과 문화의 체득에 초점을 맞춰 진행되는 자포니언 양성 코스, 1주간의 물류센터 연수 등을 통해 체질화되고 있다.

교육 현장에서 CEO 등 최고 경영진들과 대화의 시간을 가질 뿐 아니라, 사무실에서도 노도어시스템(no door system)을 통한 격의 없는 대화와 토론이 이뤄지고, 500명 이상의 직원이 가입한 트위터나 블로그를 통한 실시간 의사소통 등은 자포스를 젊고 건강한 기업으로 만드는 중요한 채널이 되고 있다.

자포스의 강점 중 하나는 직원들을 고객 이상으로 존중하고, 그들이 자긍심을 갖도록 한다는 것이다. 채용 과정에서 자신의 일을 천직으로 생각할 인재를 뽑고, 채용된 인력의 업무 적응과 역량 강화를 지원하는 멘토와 자포스 문화 적응을 돕는 앰버서더 제도, 역량 베이스 승급 제도(skill-based pay sytem), 리더 양성 프로그램인 파이프라인(pipeline) 제도, 경력 개발과 적성을 고려한 전배치 제도, 사내 강사 제도 등은 자포스인의 지속적 역량 강화를 촉진하는 시스템들이다.

또한 자포스에는 다른 기업에서 발견하기 어려운 놀라운 점들이 있다.

첫째, 컨택센터를 운영하고 있지만 담당 직원에 대해 고객 감동

체험의 커스트마이즈를 요구할 뿐, 통화 시간을 제한하지 않는다는 점이다.

둘째, 세밀하게 정의되고 철저한 교육과 토론을 통해 공감대를 형성해 실제로 의사 결정, 판단, 업무 행동 등의 기초 또는 나침반으로 활용하는 핵심가치를 가지고 있다는 점이다. 놀라운 점은 이 핵심가치가 CEO인 토니 셰이(Tony Hsieh)에 의해 직원 규모가 90명이던 시절 무려 1년에 걸친 면밀한 검토와 직원 전원의 참여 속에 만들어졌고, 이 핵심가치를 실제로 다양한 경영 활동이나 업무 수행 과정에서 중요한 판단 기준으로 삼고 있다는 점이다. 이러한 핵심가치를 신입사원에게 전파 홍보하는 방법도 매우 독특하고 놀랍다.

셋째, 트위터나 블로그 등 소셜 미디어를 통해 신속한 의사소통과 참여를 이끌어내고, 피어싱과 청바지 등 자유로운 개성을 표출하는 방식에서도 핵심가치에 담겨 있는 '재미와 약간의 괴팍함'을 실천하고 있다는 점이다.

넷째, 이러한 자유로움과 직원 존중의 분위기 속에서도 관리자들에게는 문화 담당자로서 핵심가치의 실천 여부를 업무평가에 50% 반영하고, 근무시간의 10~20%를 팀빌딩과 교류 등의 활동에 사용하도록 하고 있다는 점이다.

자포스의 사례는 우리가 알고 있는 권한위양, 핵심가치와 조직문화를 통한 조직 통합 및 구성원 관리, 역량 향상을 위한 인사 시스템 구축, 원활한 커뮤니케이션을 통한 일체감 강화 및 서비스 개선, 나아가 직원·고객·회사가 모두 함께 행복해지는 방안을 모색하는 데 이르기까지 실험실에서나 가능했던 많은 것들이 동시에 이뤄질 수 있음을 보여주는 좋은 사례라 할 수 있다.

그럼에도 불구하고 자포스의 가장 큰 강점은 '사람'에 초점을 맞추고 있다는 점일 것이다. 그래서 컨택센터도 정직원에 의해 운영되고 있다.

자포스가 아마존에 인수된 것은 자포스로 하여금 아마존이라는 큰 조직에 어떻게 기업문화와 가치관, 맨파워에 기반한 감동 서비스를 확산할 것인지, 기존의 아마존 문화와 어떻게 조화, 통합되어 시너지를 발휘하게 될 것인지 새로운 시험에 들게 할 것이다.

그러나 자포스가 이룬 지금까지의 성공만으로도 우리 기업들이 변화와 혁신, 지속적 내부 역량 강화, 열린 경영의 실천 등 쉽지 않은 도전을 극복하는 데 많은 시사점을 줄 것이라 믿는다.

아마존은 왜
이 회사를 최고가로 인수했을까?

2009년 7월 22일 '아마존, 온라인 신발업체 자포스 인수'라는 뉴스가 발표되었을 때, 미국 유통업계 관계자들은 큰 충격에 휩싸였다. 앞으로 아마존을 '이길 수 있는' 기업은 자포스밖에 없다고 줄곧 생각해온 나 또한 마찬가지였다.

아마존과 자포스. 이 두 회사는 모두 '최고의 고객 서비스'를 비전으로 삼았지만, 시장과 고객에 대한 접근 방식에는 큰 차이를 보여왔다. 아마존이 IT 시스템을 구축하는 과정에서 사람의 개입을 최소화하는 접근 방식을 취했다면, 자포스는 IT의 힘과 맨파워의 장점을 최대한 활용하여 최고의 서비스를 제공해왔다.

예를 들어 아마존의 서비스는 낮은 가격과 친절한 웹사이트 구성이라 할 수 있다. 고객이 따로 전화를 걸어 문의할 필요가 없을 만큼 웹사이트 내에서 최대한 자세히 설명하는 방법이다. 하지만 자포스는 반대로 고객이 전화를 걸어주길 바라며, 모든 웹사이트의 상단에 전화번호를 노출시킨다. 감정적인 커뮤니케이션만이 고객을 만족시키는 최고의 방법이라고 생각하고 있는 것이다.

아마존이 연 매출 190억 달러가 넘는 '인터넷 비즈니스의 공룡'이라면, 자포스는 연 매출이 10억 달러를 넘는 수준이다. 사실 규모면에서는 엄청 큰 차이가 있다. 그러나 서비스에 있어서는 이 두 회사 모두 최고의 위치에 있어 고객들에게 많은 사랑을 받고 있다.

세계 최초의 인터넷 서점이자 세계 최대의 종합 쇼핑몰로 성장한 아마존이 자포수를 인수한 일은 어쩌면 큰 사건이 아닐 수도 있다. 강자가 약자를 삼키는 비즈니스 세계에서는 흔히 벌어지는 일이기 때문이다. 항간에는 아마존이 점유율 확장을 위해, 신발과 의류 카테고리에서 한발 앞서 나가고 있는 자포스를 취한 것이라 보기도 한다. 이 또한 어느 정도 맞는 말이다. 그러나 사실 아마존의 속뜻은 좀 더 깊은 곳에 있다.

자포스는 아마존이 몹시 탐내는 무언가를 가지고 있는 회사이다. 그것은 '자포스의 기업문화와 가치관' 그리고 '맨파워를 주동력으로 하는 감동 서비스'의 결합이다. 아마존은 자포스를 상대로 경쟁하기보다는 자포스의 존재와 힘을 인정하고, 오히려 자포스와 손을 잡음으로써 그들에게서 구조와 힘을 배우는 길을 선택한 것이다. 그래서 12억 달러라는 역사상 최고가의 인수 금액과 자포스

독자 경영이라는 파격적인 제안도 받아들일 수 있었던 것이다.

이런 의미에서 아마존과 자포스의 결합은 미국 유통산업과 마케팅 전반의 흐름을 크게 바꿀 것으로 기대된다. 말로만 외치던 기존의 고객 감동 서비스에서 실천하는 감동 서비스로의 변화가 이들에 의해 더욱 가속화될 것이라는 전망이 많다.

이 책에서는 세계 최대의 인터넷 기업인 아마존을 부러워하게 만든 자포스만의 매력, 즉 그들이 추구하는 감동 서비스, 그리고 회사를 구성하는 직원 개개인과 고객의 행복이 최대의 목표라는 자포스의 독특한 기업문화를 통해 이 시대의 기업과 리더의 역할에 대해 살펴보려 한다.

차 례

Part. 3 새로운 기업의 모델을 만들다

10가지 핵심가치 만들기 • 76

삶의 방식이 되어주는 핵심가치 | 자포스의 10가지 핵심가치 | 핵심가치는 회사의 정신이자 문화
추상적인 문화를 구체화하기까지 | 핵심가치에 맞는 조직 꾸리기 | 핵심가치에 생명을 불어넣다

기업에 꼭 맞는 인재 찾기 • 107

첫인상부터 어딘가 다른 회사 | 유별나지만 재미있는 인터뷰 | 개성 만점인 채용 신청서
스펙보다는 인성이 우선이다 | 계속해서 고치고 보태다 | 면접 자체가 문화 쇼크

기업문화를 공유하고 실천하기 • 126

문화를 어떻게 가르칠 것인가 | 가르치고 배우는 것도 재미있게 | 실천을 통해 배운다
언제나 고객의 입장에 서라 | 신입사원을 위한 특별한 배려 | 빨리 퇴사하면 보너스 지급?

Part. 4 사람을 존중하는 자포스의 기업문화

직원이 성장해야 회사가 성장한다 • 142

모두가 자포스 문화 지킴이 | 목표는 자아실현 | 승진과 연봉은 하기 나름 | 리더 양성 프로그램
자포스에서는 모두가 왕 | 고객 충성도를 이끌어내는 힘 | 물류센터와 사이트의 효율성
끊임없이 배우는 조직

직원을 위한 최선의 서비스 • 156

서로 돕는 것도 서비스 | 한 사람은 모두를 위해 있다 | 의료보험 전액 지원
친구 같은, 그러나 존경받는 CEO | 문이 없는 경영진의 책상 | 자유로운 커뮤니케이션
트위터 & 블로그 | 사람 중심의 마케팅

Part. 7 자포스에서 배운 리더의 자세

Part. 1

자포스는 왜
서프라이즈한가!

The
Zappos
Miracles!

행복을 창조하는 회사

내가 자포스(Zappos.com)의 CEO 토니 셰이(Tony Hsieh)를 처음 만난 것은 2008년 5월의 일이다. 라스베이거스에서 열린 회의에 참석했다가 우연히 그의 연설을 듣게 된 것이다. 나는 토니의 말을 통해 접하게 된 자포스라는 회사에 강한 호기심과 흥미를 느꼈고, 이후 자포스에 흠뻑 빠지게 되었다. 물론 그때는 내가 기업 컨설팅을 하면서 품어온 의문에 자포스라는 회사가 답을 줄 것이라고는 전혀 생각지 못했다.

그즈음 나는 이런 고민을 하고 있었다.

'인터넷이 대중화되면서 고객의 파워는 강해졌고, 산업의 구조도 경공업 중심에서 과학 기술 분야와 서비스 산업으로 바뀌고 있다. 사회는 이처럼 어지러울 정도로 빠르게 변해가는데 기업은 예전의 방식을 고수해도 되는 걸까? 앞으로 기업은 어떻게 바뀌어야 할

까? 또 기업과 리더십은 어떤 방식으로 존재해야 하는 걸까?'

자포스는 내 머릿속에 깊게 자리잡고 있던 이런 의문에 명쾌한 답을 제시해주었다.

그렇다면 자포스는 무엇을 하는 회사인가? 여러 가지 답이 있을 수 있다. 객관적인 정의를 하자면, 자포스는 신발과 의류 등을 판매하는 온라인 쇼핑몰이다. 하지만 자포스는 스스로를 '서비스 컴퍼니'라고 부른다. 신발이나 옷 같은 물건만을 파는 것이 아니라, 서비스를 팔고 있다는 뜻이다.

또한 자포스는 직원 개개인을 존중하는 기업문화를 추구하는 회사이며, 2009년 글로벌 경제전문지 〈포춘(Fortune)〉이 선정한 '가장 일하기 좋은 100대 기업' 중 23위를 차지한 곳이기도 하다. 놀라운 것은 이 리스트에 이름을 올린 첫해에 23위라는 경이로운 기록을 세웠다는 점이다. 그리고 2010년에는 8단계 상승한 15위에 랭크되었다.

그러나 자포스의 가장 큰 특징은 '행복을 창조하는 회사'라는 점이다. 자포스는 어떻게 하면 고객과 직원 모두가 행복할 수 있을지를 연구하고, 그 행복을 만들고 전하는 것을 가장 큰 목표로 삼고 있다.

이 책을 한창 집필하고 있을 때 아마노 아츠시의《당신을 행복하게 하는 회사》를 읽으면서 마음이 크게 요동치는 것을 느꼈다. 이 책의 주인공은 '회사가 이익을 추구한다는 명목으로 다른 사람을 불행하게 해도 되는 것일까?'라는 고민에 빠져 있었다.

이러한 딜레마를 떠안고 있는 경영자는 너무나 많다. 나 자신도 회사를 경영하고 있지만, 누군가를 불행하게 하고 싶어서 비즈니스를 하는 사람은 한 명도 없다고 자신 있게 말할 수 있다. 바꿔 말하자면, 경영자는 누구나 다른 사람을 행복하게 해주고 싶어 한다.

그러나 실제로 자포스처럼 일하는 사람 모두가 행복을 느끼는 회사는 많지 않다. 자포스의 이야기는 우리에게 많은 메시지를 던져주지만, 무엇보다도 사람을 행복하게 하는 회사를 만드는 것이 기업의 최고 전략임을 일깨워주고 경영자들의 용기를 북돋워준다는 데에 큰 의미가 있다.

- 웃음이 넘치는 즐거운 직장을 만들고 싶다.
- 직원, 고객, 경영자 모두가 행복한 회사를 만들고 싶다.
- 직원 한 사람 한 사람이 자신의 가치를 발휘할 수 있는 회사를 만들고 싶다.

이런 꿈 같은 회사를 만들고 싶어 하는 CEO라면 자포스라는 회사에 흥미와 매력을 느끼게 될 것이다.

행복이 행복을 낳는다

2007년 7월 7일, 미국의 한 블로그 사이트에 감동적인 글이 올라왔다. 이 글은 곧 블로그에서 블로그로, 메일에서 메일로 전달되어 수많은 사람을 감동시켰을 뿐 아니라 자포스라는 작은 인터넷 쇼핑몰을 화제에 오르게 했다.

한 여성이 몸이 아픈 어머니를 위해 자포스에서 신발을 구입했다. 그런데 머지않아 어머니는 병세가 악화되어 세상을 떠나고 말았다.

얼마 뒤, 뒷정리로 분주한 그녀에게 이메일이 한 통 날아왔다. 구입한 신발이 잘 맞는지, 마음에 드는지 묻기 위해 자포스에서 보낸 메일이었다. 상실감에 빠져 있던 그녀는 겨우 정신을 차리고 이메일에 답장을 썼다.

"병든 어머니에게 드리기 위해 구두를 샀던 것인데 어머니가 그만

돌아가셨습니다. 너무 갑작스런 일이라 구두를 반품할 기회를 놓쳐버렸네요. 그렇지만 이제 어머니가 안 계시니 이 구두는 꼭 반품을 하고 싶습니다. 조금만 기다려주면 안 될까요?"

그러자 곧바로 자포스에서 답장을 보내왔다.

"저희가 택배 직원을 댁으로 보내 반품 처리를 해드리겠습니다. 걱정하지 마십시오."

자포스의 기존 정책에 따르면, 반품할 경우 요금은 무료지만 고객이 직접 택배를 불러서 물건을 보내야 한다. 하지만 자포스는 정책을 어기면서까지 그녀의 집으로 직접 택배 직원을 보내 물건을 반품하게 해주었다. 이 '기업답지 않은' 자포스의 진심 어린 배려에 그 여성은 신선한 충격과 함께 큰 감동을 받았다.

이야기는 여기서 끝나지 않았다. 다음 날 그 여성에게 한 다발의 꽃이 배달되었다. 카드에는 어머니를 잃고 슬픔에 빠진 여성을 위로하는 글이 적혀 있었다. 자포스에서 보낸 것이었다.

"감동 때문에 눈물이 멈추지 않았습니다. 제가 다른 사람의 친절에 약하긴 하지만, 지금까지 받아본 친절 중에서 가장 감동적인 것이었어요. 혹시 인터넷에서 신발을 사려고 하신다면 자포스를 적극 추천합니다."

고객에게 위로의 꽃다발과 카드를 보내는 것이 자포스의 '서비스 정책'은 아니다. 이 여성과 통화한 컨택센터의 직원이 어머니를 잃은 슬픔을 조금이나마 위로해주고 싶다는 인간적인 배려와 판단에 따라 꽃과 카드를 보낸 것이다.

자포스에는 우리가 흔히 알고 있는, 콜센터나 고객센터라는 명칭 대신 컨택센터(Contact Center)라 부르는 부서가 있다. 이곳은 전화뿐 아니라 메일, 라이브 채팅 등 다양한 매체를 통해 고객과 접촉하는 곳이다.

그런데 자포스의 컨택센터에는 매뉴얼이 없다. 고객의 이런 요청에는 이렇게 답하라는 지침도 따로 존재하지 않는다. 고객의 주문이나 문의에 어떻게 답하고 어떻게 대응할지는 전화를 받는 컨택센터 직원이 각자의 판단에 따라 하면 된다. 즉, 고객을 대하는 직원이 인간 대 인간으로 고객과 마주하는 것이다. 따라서 사람과 상황에 따라 서비스의 '내용'은 달라진다. 그리고 이것은 직원과 고객 모두에게 '잊기 어려운 체험'을 제공하게 된다.

자포스의 CEO 토니 셰이는 이것을 '행복의 배달'이라고 부른다. 직원과 고객에게 행복을 전하는 것, 그것이 회사를 장기적 번영으로 이끄는 최강의 전략이라고 자포스는 확신하고 있다.

그것을 증명이라도 하듯 자포스는 지난 5년 동안 1300%의 성장률, 75%의 재구매율, 그리고 창업 10년이 안 된 시점에 '연매출 10억 달러 돌파'라는 눈부신 성과를 올리고 있다.

자포스의 연 매출 변화

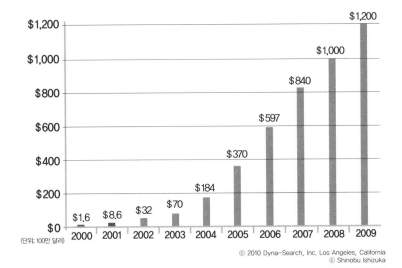

(단위: 100만 달러)

© 2010 Dyna-Search, Inc. Los Angeles, California
© Shinobu Ishizuka

자포스의 서비스가 특별한 몇 가지 이유

지금까지 '고객을 감동시키는 서비스'는 월트디즈니 같은 엔터테인먼트 업계나 리츠칼튼호텔 같은 서비스 업계의 영역이라고만 생각해왔다. 유통업계에서는 단가가 높은 상품을 취급하는 상점과 특권층을 대상으로 하는 비즈니스를 제외하고는 이런 서비스에서 크게 뒤처져왔다고 말할 수 있을 것이다.

유통업에서 말하는 서비스는 물건을 사는 고객에게 제공하는 덤과 같은 것이었다. 어디까지나 물건을 파는 것이 본업이고 서비스는 부수적인 것, 미미한 부가가치를 만드는 것 정도로만 취급되어

왔다.

그런 면에서 자포스는 다르다. 자포스에게 서비스는 파는 물건이다. 그래서 서비스를 비용으로 취급하지 않는다. 자포스에 있어서 '서비스'는 오히려 브랜드를 알리고 고객의 충성도를 쌓기 위한 투자인 것이다.

바로 이런 이유 때문에 자포스에서는 고객이 서비스에 충분히 만족하고 '와우!'라고 외치기 전까지는, 전화 한 통에 몇 시간을 투자하더라도 직원을 질책하지 않는다. 믿기 어렵겠지만 고객과 6시간이나 통화한 직원도 있다고 한다. 이것은 자포스가 창업 이래 지금까지 갖고 있는 최장 응대 시간이다.

어떤 고객이 자포스의 컨택센터에 전화를 걸어 직접 상품을 주문한다고 가정해보자. 그때 고객이 원하는 상품의 재고가 없다면, 자포스의 컨택센터 직원은 경쟁 사이트를 검색해서라도 그 상품이 어느 사이트에서 얼마에 판매되고 있는지 알려준다.

자포스가 보통의 유통 회사처럼 상품을 꼭 팔아야 한다고 고집하지 않기 때문에 가능한 일이다. 자포스가 진짜 팔고자 하는 것은 '고객의 감동 체험'이고, 순간의 이익을 올리는 것보다 그것이 훨씬 중요하다고 믿는다.

"고객은 우리가 무언가 해주기를 기대하지 않을지도 모릅니다. 하지만 우리는 고객이 어떤 기분을 느끼도록 해야 하는지를 절대 잊어선 안 됩니다."

- 토니 셰이, 자포스 CEO

이것이 토니 셰이가 말하는 기업 전략으로서의 '행복'에 대한 설명이다.

고객은 물건을 사기 위해서가 아니라 그곳에서만 경험할 수 있는 감동을 얻기 위해 자포스에 온다. 자포스에서 쇼핑하고 싶어서 찾아오는 고객, 심지어 자포스에서 무언가 살 것이 있는지 검색해보려고 일부러 찾아오는 고객도 있다.

자포스만의 서비스에 푹 빠진 나머지 "자포스에서 항공 회사를 차렸으면 좋겠어요." "자포스가 IRS(미국 세무서)의 업무를 대행해 줬으면 좋겠어요."라고 요청하는 팬도 있을 정도다.

같은 목표를 향해 나아가기

인터넷의 발전이 가져온 자기표현력과 네크워크 능력은 개인에게 막강한 파워를 부여하고 있다. 인터넷상의 발언력은 그 사람이 유명한 사람인지 아닌지에 좌우되지 않는다. 돈도, 사회적 지위도 아무런 관계가 없다.

또한 개인이 인터넷을 이용해 모든 정보를 자유자재로 얻을 수 있게 되었다. 이른바 기업은 정보를 가진 자이고, 고객은 정보를 갖지 못한 자라는 권력 관계가 더 이상 성립되지 않게 되었다.

자기표현에 익숙해져 있는 현대인에게 개성의 표현은 더 이상 특권이 아니다. 자신이 원하는 것을 원하는 때에 원하는 방법으로 손에 넣는 것이 당연해졌고, 만약 그것이 가능하지 않다면 주저 없이 다른 곳으로 가버린다.

인터넷 비즈니스의 여명기에는 상품의 커스터마이즈가 콘셉트로써 인기가 있었지만, 오늘날 고객이 요구하는 것은 체험의 커스터마이즈다. 그것도 택배회사를 직접 선택할 수 있는가, 배달 시간을 내 마음대로 정할 수 있는가에서 끝나지 않고, '나'라는 개인을 인정받고 싶어 한다. 즉, 수많은 고객 중 하나가 아니라 한 '인간'으로 대해주기를 바라는 감정적인 욕구가 등장한 것이다. 문제는 시스템의 힘만으로는 이런 감정적 욕구에 대응할 수 없다는 점이다.

시중에는 서비스 사이언스와 서비스 매니지먼트 등 좋은 서비스의 '구조' 만들기에 대한 책이 많이 나와 있다. 하지만 구조를 아무리 잘 만들어도 그것을 능숙하게 구사할 수 있는 사람이 없다면 구조의 장점을 살리지 못할 가능성이 크다. 이는 곧, 구조와 사람이라는 두 요소를 잘 갖추었을 때 비로소 고객에게 궁극의 서비스를 제공하는 것이 가능해진다는 얘기이기도 하다.

사람의 감성과 마음을 수치로 측정하는 것이 불가능하듯, 사람의 능력 또한 무한대이다. 고객의 마음을 움직이게 하는 서비스는 어디까지나 '사람과 사람의 연결'에서 비롯되는 것이라고 자포스는 믿어 의심치 않는다. 그래서 자포스는 '직원과 고객'을 가장 귀중한 재산으로 여긴다.

직원 한 사람 한 사람의 가치를 북돋워주고, 어떻게 하면 고객에게 세상에서 단 하나뿐인 감동 서비스를 경험하게 할 것인지를 고민하는 것, 그것이 자포스가 추구하는 목표이자 최대의 과제이다.

그렇다면 어떻게 해야 직원 한 사람 한 사람의 가치를 살릴 수 있을까?

직원 개인의 개성과 가치를 존중한다고 해서 무작정 마음대로 하게 할 수는 없다. 그것은 회사에 소속된 존재로서 해서는 안 되는 행동이며, 회사라는 조직의 강점도 살릴 수 없기 때문이다. 조직으로서의 강점과 직원의 개인 가치를 모두 살리기 위해서는 회사와 직원의 마음이 하나가 되지 않으면 안 된다. 결국, 가치관의 공유가 없어서는 안 된다는 말이다.

여기서 가치관은 기업문화로 바꿔 말할 수 있다. 그리고 기업문화는 경영자의 독단적인 판단으로 결정할 수 있는 것도, 강압으로 만들어지는 것도 아니다. 직원 모두가 그 가치관에 공감하지 않으면 속 빈 강정과 다를 바 없게 되는 것이다.

경영자와 직원 모두가 같은 가치관을 가지고 공동의 목표를 향해 나아가는 것, 그것이 가능해질 때 '조직'의 강점을 살리면서 '개인의 가치'도 살리는 회사가 될 수 있다.

조직과 개인의 행복한 결합

자포스의 직원들은 언제나 웃는 얼굴로 일한다. 언짢은 표정을 짓고 있는 사람, 짜증 내는 사람은 단 한 명도 없다. 모두 자신 있는 표정과 당당한 모습으로 일한다.

이것이 어떻게 가능할까? 나의 의문에 자포스의 컨택센터 직원은 이런 말을 들려주었다.

"우리는 고객을 만족시키기 위한 것이라면 무엇이든 할 수 있습니다. 어떤 고객에게 이런 것이 꼭 필요하다고 판단된다면 모든 것을 재량껏 할 수 있는 권한이 주어져 있거든요. 고객을 감동시키는 것은 세상을 밝게 만드는 의미 있는 일이라고 생각해요."

– 컨택센터 직원

자포스의 컨택센터 직원이 하는 일은 단순히 전화만 받는 것이 아니다. 그들의 주된 업무는 오히려 '고객을 행복하게 하는 것'이다. 그래서 그들은 월급을 받기 위해서가 아니라, 그보다 더 큰 의미를 추구하기 위해 일을 하고 있다.

거의 모든 사람들이 오로지 생계를 위해 일했던 가난한 시절이 있었다. 매 끼니 굶지만 않으면 좋겠다고 생각하고, 매일 잠잘 곳만 있어도 만족할 수 있었던 그런 시기가 어느 나라에나 있었다. 하지만 지금은 일에 대한 사람들의 인식이 상당히 많이 바뀌었음을 알 수 있다. 돈 때문에 일하는 것이 아니라 일하는 의미, 다시 말해 삶의 의미를 추구하기 위해 일하는 사람이 늘어나고 있다. 인생의 목표를 달성하고 자아를 실현하기 위해 직업이 존재한다고 생각하는 사람이 늘어났기 때문이다.

그렇다면 일에 대한 사람들의 사고방식이 이렇게 변해가고 있는 요즘 시대에 기업은 어떻게 대응해야 하는 걸까?

"회사에 있을 때는 개인의 의견 따위는 버리고 묵묵히 일만 하시오!"라는 자세는 더 이상 통하지 않는다. 회사는 이익을 넘어선 목표, 즉 '사회에 어떻게 공헌할 것인가?' 하는 목표를 명확하게 가지는 것이 중요하게 되었다. 그러므로 그 목표에 공감하는 사람들을 모아 그들이 만족감을 느끼며 일할 수 있게 해야 한다. 직원 입장에서도 마음으로부터 공감할 수 있는 회사에서 일해야 10배, 아니 100배 이상의 능력을 발휘할 수 있다는 걸 잘 알고 있다. 자포스는 이러한 시대의 흐름을 잘 파악하고 있다.

일반적으로 구글이나 아마존 같은 IT 기업이 성공할 수 있었던 이유가 그들의 비즈니스 모델이 뛰어나서라고 생각한다. 하지만 사실은 뜻을 같이한 사람들이 모여서 한마음으로 노력했기 때문에 모델을 실현할 수 있었다고 보는 것이 맞다.

자포스·구글·아마존같이 IT 버블과 닷컴 신화 붕괴를 넘어 살아남은 기업들은 '기술'과 '사람'이라는 극단적인 두 요소의 균형을 잘 유지했다고 볼 수 있다. 이들 기업은 최첨단 기술에 얽매이기보다는, 같은 가치관을 지닌 사람들이 공동의 목표를 향해 나아가는 것을 더 중요하게 여기고 있다. 기업문화를 명확하게 정하고 그것을 확립하기 위해 힘을 불어넣고 있는 것이다.

앞으로는 기업문화가 확실하지 않은 기업은 생존경쟁에서 살아남기 어려울 것이다. 자신들의 가치관을 제대로 확인하여 세상에 선언하고 그것에 공감하는 사람들과 협력하지 않는다면, 결코 건실하고 강력한 회사가 될 수 없다. 예전에는 회사가 기업문화를 가지는 것이 선택 사항이었다면, 지금은 기업 생존의 필수 조건이 되어가고 있는 것이다.

이윤보다 가치를 따르는 사람들

　미국에서는 기업의 이윤 추구가 극에 달해 많은 문제점이 발생했다. 본래 회사는 일종의 운명 공동체이기 때문에 수익이 나면 구성원 모두에게 그 결실을 돌려주어야 한다. 하지만 현실에서는 몇몇 고위층이나 투자자들만 달콤한 부를 누리고 그 외 다수의 직원들은 빠듯한 살림을 이어나간다.

　최근 미국에서는 이에 반대하는 목소리가 높아지고 있다. "이런 구조는 정말 잘못된 것이다! 직원들에게 일하지 말라고 하는 것과 다를 게 없다! 기업은 공동체 본연의 모습으로 돌아가야 한다."는 주장이 터져 나오고 있다. 이러한 사회적 흐름 때문에 '자포스' 같은 회사가 더욱 주목을 받고 있는 것이다.

　"회사라는 공동체를 위해 모두가 힘을 합해 열심히 일하고, 그 수익 역시 소수만 누릴 것이 아니라 모두 함께 나누자!"

이것이 앞으로 성장하고 도약할 회사가 가져야 할 사고방식임을 나 또한 자포스를 만나고 확신하게 되었다.

현재 미국은 1929년의 세계 대공황 이후 최악의 불경기를 겪고 있으며, 전 세계 경제에 큰 영향을 미치고 있다. 이러한 현상 때문에 지금 미국에서는 기업문화에 대한 인식이 점차 고개를 들고 있다. 불황을 이겨내기 위해서는 어떤 회사가 되어야 하는가에 대한 진지한 고민이 시작된 것이다.

불황기에는 경영자부터 말단 직원까지 한마음으로 단결하는 회사만이 살아남게 될 것이다. 예를 들어 오랜 불황을 견디기 위해 월급을 삭감하거나 보너스를 주지 못하게 될 경우, 공동체 의식이 강한 직원이라면 '당장 월급이 적어지더라도 회사를 일으키기 위해 더 열심히 일해야겠다.'고 생각할 수 있다. 그리고 이렇게 회사의 상황을 이해해주는 직원이 한 명이라도 더 많은 회사는 분명 강해질 것이다.

자포스의 도전

2008년 6월, 취재차 자포스 본사를 처음 방문했을 때 헬프데스크 직원 리즈가 공항까지 마중을 나와주었다. 그 자리에서 리즈는 이런 말을 했다.

"자포스를 만난 것은 제 인생 최고의 행운이에요. 저는 매일 아침 눈을 뜨면 회사 갈 생각에 가슴이 설렌답니다. 주말에는 월요일이 너무 멀게 느껴져 참을 수 없을 정도예요."

– 리즈, 헬프데스크 직원

리즈의 이야기는 내게 신선한 충격을 주었고, 직원이 이런 생각으로 일하는 회사는 과연 어떤 곳인지 더 많은 궁금증이 생기기 시작했다.

본사에 도착해 시간을 보내는 동안 나는 계속해서 놀라운 경험을 했다. 자포스를 만난 것이 행운이라고 말하는 사람이 리즈만이 아니었기 때문이다. 회사라기보다 대학 캠퍼스에 가까울 정도로 자유롭고 개방적이며 결속력이 넘치는 자포스의 분위기에 나는 압도되고 말았다.

그날 저녁, 로스앤젤레스로 돌아오는 비행기 안에서 나는 자포스에 대해 모든 것을 알고 싶다는 욕구를 느꼈고, 자포스를 제대로 연구하리라는 결심을 했다.

자포스를 연구하고, 그에 관한 책을 쓴 것은 나에게도 큰 행운이자 선물이다. 비록 작은 규모이긴 하지만 우리 회사에도 기업문화가 필요하며, 그것이 얼마나 중요한지 여러모로 생각해볼 수 있는 소중한 시간이 되었기 때문이다.

"하루 24시간 중 10%만이라도 좋아요. 어떻게 하면 직원과 고객을 행복하게 할 수 있을까 연구한다면, 회사는 어떻게 변하겠습니까?"

– 토니 셰이, 자포스 CEO

자포스의 CEO 토니 셰이가 나에게 던진 질문이다. 이 질문은 나에게만 던져진 것이 아니다. 사회가 변하고, 시장이 변하고, 고객의 마음이 시시때때로 변하는 이때에 모든 기업과 경영자들이 한번씩은 꼭 짚고 넘어가야 하는 명제일 것이다.

Part. 2

미국 비즈니스계를 흔드는
작은 거인, 자포스

The
Zappos
Miracles

불가능을 가능으로 바꾼
3가지 요인

    자포스는 현재 미국에서 가장 잘나가는 회사다. 〈월스트리트
저널〉, 〈비즈니스위크〉 같은 경제 전문지뿐만 아니라 메이저 TV
네트워크인 ABC나 CBS의 인기 뉴스 프로그램에서도 많이 다루어
큰 화제가 되고 있다.

    어떤 기업이 매스컴과 사람들의 관심을 끄는 이유는 큰 회사이
기 때문이거나 상품 및 서비스가 유명하기 때문이다. 예를 들어 제
너럴일렉트릭은 대기업의 상징이며, 코카콜라는 전 세계인이 즐기
는 대표적인 음료로 알려져 있다. 마이크로소프트는 OS(Operating
System)로 압도적인 시장 점유율을 이루었기 때문에 유명해졌고,
구글의 지명도 또한 그 검색 엔진 때문이다. 구글의 경우 지금은 독
특한 기업문화와 경영이념으로 잘 알려져 있지만, 검색 엔진이 유
명해진 것이 먼저이고, 기업문화가 화제가 된 것은 그 후의 일이다.

자포스의 연혁

1999년 6월에 닉 스윈먼이 가족과 친구들의 투자금 15만 달러로 캘리포
　　　　니아에서 'shoesite.com'을 설립. 8월부터 토니 셰이가 50만 달러
　　　　를 투자하면서 경영에 참여했으며, 스페인어로 신발이라는 의미
　　　　를 담은 'zappos.com'으로 쇼핑몰 이름을 변경하다.
2000년 토니 셰이가 정식으로 자포스를 인수하고 CEO로 취임하다.
2001년 컨택센터 발족.
2002년 보다 빠른 배송을 위해 물류센터를 미국 중남부 지방인 켄터키
　　　　로 옮기다.
2003년 자포스의 첫 자사 브랜드인 RSVP 탄생.
2004년 컨택센터에서 일할 우수한 인재를 확보하기 위해 본사를 라스베
　　　　이거스로 이전하다. 라스베이거스는 미국 내에서 콜센터가 가
　　　　장 많은 곳으로, 고객 서비스를 위해 일할 준비가 되어 있는 사
　　　　람들이 많다고 판단한 것이다.
2005년 경영 월간지 〈패스트컴퍼니〉가 선정한 '고객 최고상' 수상 및
　　　　'패스트50(빠르게 성장하는 50개 유망 기업)'에 선정.
　　　　〈타임〉이 뽑은 '가장 쿨한 웹사이트'에 선정.
　　　　아마존의 제프 베조스가 인수를 제안하지만 자포스 경영진이 거
　　　　절하다.
2006년 핵심가치를 문서화하다.
2008년 연간 매출 10억 달러 돌파.
2009년 아마존이 12억 달러에 자포스를 인수하다.

_자포스가 제공한 자료와 그 외의 자료를 토대로 저자가 작성.

앞에 열거한 회사들에 비하면, 신발 온라인 쇼핑몰이라는 자포스의 비즈니스 분야는 그리 특별해 보이지 않는다. 매출도 2008년에 10억 달러를 넘은 정도이니 특별히 내세울 만한 대기업도 아니다. 그런데도 자포스는 사람들을 깜짝 놀라게 하고 감동시킬 뿐 아니라, 미국 비즈니스계를 아예 뿌리째 흔들어놓고 있다. 그 이유는 과연 무엇일까?

이 책의 가장 큰 주제인 자포스의 힘에 대해 말하기에 앞서 자포스라는 회사에 관한 기본적인 정보를 간략히 소개할까 한다.

인터넷으로 신발을 팔겠다는 무모한 도전

자포스는 닷컴 회사들의 전성기였던 1999년, 샌프란시스코에서 첫발을 내디뎠다. 자포스의 창립자인 닉 스윈먼(Nick Swinmurn)은 자신의 쇼핑 체험에서 창업 아이디어를 얻었다고 한다.

어느 날, 닉은 구두를 살 생각으로 쇼핑에 나섰다. 하지만 디자인이 마음에 들면 원하는 색의 신발이 없고, 원하는 색이 있으면 디자인이 마음에 들지 않았다. 이런 식으로 몇 시간이나 신발가게를 돌아다녔지만 원하는 신발을 찾을 수는 없었다.

결국 포기하고 기진맥진한 몸으로 돌아가려던 찰나, 닉의 뇌리에 섬광처럼 어떤 생각이 스쳐갔다.

"수많은 가게를 다 뒤져도 원하는 신발을 찾지 못하는 사람이 나뿐만이 아니라면? 세상 모든 사람들이 겪는 일이라면……?"

이 작은 생각의 씨앗이 곧바로 자포스 창업으로 이어졌다.

당시 인터넷에서 신발을 판다는 것은 누가 봐도 거의 불가능에 가까운 콘셉트였다. 상식적으로 생각해도 신발은 직접 신어보고 사야 하는 물건이다. 옷도 마찬가지라고 생각할 수 있겠지만 그런 면에 있어서는 신발이 훨씬 예민하다.

신발은 브랜드에 따라 사이즈가 조금씩 다른 경우가 많다. 게다가 사람의 발 모양은 너무나 각양각색이어서 발볼이 작은 사람이 있는가 하면, 넓은 사람도 있다. 단순히 사이즈라는 숫자에 의존해 구입하기 까다로운 상품이 바로 신발이다.

당시만 해도 대부분의 사람들이 손으로 만질 수도, 신어볼 수도 없는 상품에 돈을 지불하는 것은 말도 안 된다고 생각했다. 그렇기 때문에 신발 전문 온라인 쇼핑몰을 비즈니스로 성공시키기 위해서는 고객이 안고 있는 이러한 심리적인 장벽을 넘을 필요가 있었다. 바로 이 지점에서 자포스의 '무료 배송, 무료 반품, 마음에 들 때까지 반품 가능'이라는 파격적인 서비스가 생겨났다. 이후 이 서비스는 아마존의 신발 전문 사이트, 엔드리스닷컴 등과 같은 경쟁 사이트에 의해 모방되었고, 지금은 대부분의 신발 온라인 쇼핑몰이 이 서비스를 차용하고 있다.

이 파격적인 서비스는 자포스의 모험에서 시작된 것이다. 배송비와 반품비를 무료로 책정한 것은 오프라인 매장에서 사는 것과 같은 기분으로 쇼핑할 수 있게 하자는 생각에서였다.

"신발가게에 가면 직원이 창고에서 사이즈에 맞는 신발을 계속 갖다주잖아요. 예를 들어, 내 신발 사이즈가 275mm라 하더라도 나는 280mm와 270mm 사이즈의 신발도 함께 갖다달라고 부탁합니다. 나는 이세 가지 사이즈를 모두 신어본 뒤 내 발에 맞는 것을 삽니다. 하지만 그때 두 사이즈의 신발을 신어봤다고 해서 수수료를 받는 곳은 없습니다. 그것과 같은 이치지요.

고객은 마음에 쏙 드는 상품을 찾을 때까지 계속해서 신어볼 권리가 있습니다. 그것을 자신의 집 거실에서 파자마를 입고도 할 수 있다면 얼마나 좋겠습니까? 이것이 바로 자포스가 고객에게 제공하고 싶은 서비스 체험인 것입니다."

– 토니 셰이, 자포스 CEO

무료 배송, 무료 반품, 빠른 배송

자포스의 고객 서비스는 여기에서 끝나지 않는다. 구입한 신발이 마음에 들지 않으면 365일 이내에 언제라도 반품할 수 있다. 자포스의 무료 배송 정책은 다음과 같다.

- 100% 만족하지 못할 경우, 어떤 제품이든 무료 교환 및 환불이 가능합니다.
- 제품을 구입한 뒤 365일 이내에는 언제든 환불과 반품이 가능합니다. 단, 원래 배송된 상태 그대로 보존되어 있어야 합니다.
- 반품할 경우, 반품 신청 후 클릭 한 번으로 UPS(택배 전문 업체)의 선불 배송장을 인쇄해 박스에 붙여 보내면 됩니다.
- 반품은 제품 생산자에게 보낼 필요 없이, 자포스로 보내면 됩니다.

또 하와이와 알래스카를 제외한 거의 모든 지역의 주문 상품은 그다음 날 수령이 가능하다. 입이 아프도록 이야기하시만 이 또한 무료 배송이다. 인터넷에는 자포스의 서비스에 감동한 사람들의 댓글이 줄을 잇고 있다.

어제 저녁 9시 넘어서 주문했는데, 오늘 아침 11시에 현관 앞에 놓여 있지 뭐예요! 정말 깜짝 놀랐습니다. 어떻게 이런 마법 같은 일이 가능한 거죠?

– 토비. C.

세상에서 가장 좋은 온라인 쇼핑몰은 바로 자포스예요. 왜 다른 회사는 이렇게 못 하는지 이해할 수가 없어요. 생활에 필요한 모든 물건을 자포스에서 팔면 안 되나요? 다른 회사에서는 아예 살 필요가 없게요.

– 너무너무 만족한 고객 제니

이건 너무 비현실적이에요. 어제 저녁 10시쯤 주문했는데 오늘 아침에 도착했어요. 주문한 물건을 이렇게 빨리 받을 수 있다는 게 믿어지지 않아요. 자포스의 방식은 정말 놀라워요. 미국의 모든 기업들이 자포스처럼 일한다면 얼마나 좋을까요?

— 하워드 T.

반품을 위한 택배회사 라벨이 도착했습니다. 택배사 직원이 집으로 와서 물건을 가져갈 거예요. 왜 신발을 사러 매장에 가나요? 이런 좋은 서비스를 집에서 받을 수 있는데.

— 채드. B

이미 말했듯이, 자포스는 무료 배송과 무료 반품을 정책으로 내세우며 출발했다. 하지만 주문한 다음 날에 물건을 받아보는 '빠른 배송 서비스'를 정책으로 내세우진 않았다. 이것은 자포스의 노력이 이루어낸 서비스인 셈이다.

미국이란 나라가 워낙 넓기 때문에 대부분의 쇼핑몰이 배송기간을 5~7일로 잡는다. 이런 '스탠다드 서비스'는 무료로 제공하지만, 재구매 고객에 한해서는 상품을 무조건 다음 날 배송해주는 '업그레이드 서비스'를 제공하기도 한다. 또 어떤 인터넷 쇼핑몰 사이트에서는 20달러를 더 내면 다음 날 받을 수 있게 해주기도 한다.

하지만 자포스는 물류센터에 문제가 있거나 특별한 경우를 제외하고는 가능한 한 모든 상품이 주문한 다음 날 고객의 손에 전해질 수 있도록 노력하고 있다. 자포스는 이것을 고객을 깜짝 놀라게 하는 업그레이드, 즉 '서프라이즈 업그레이드'라고 부른다.

오프라인 매장에서 물건을 사면 바로 가지고 돌아갈 수 있다. 그러나 인터넷 쇼핑은 주문을 하고 물건을 받기까지 꽤 오랜 시간이 걸린다. 자포스는 주문받은 수많은 상품을 가능한 한 다음 날 고객이 받을 수 있게 함으로써 인터넷 쇼핑의 핸디캡을 극복하고, 동시에 '즉시 충족'을 갈망하는 고객의 니즈를 만족시키고자 끊임없이 노력하고 있다.

오프라인 시장에서 신발을 판매할 때 최대의 단점은 매장이라는 물리적 공간의 제약이다. 그렇기 때문에 매장에 진열하거나 쌓아둘 수 있는 상품의 개수와 종류가 한정될 수밖에 없다.

생각해보면, 신발 역시 책과 마찬가지로 '롱 테일 상품'이라고 할 수 있다. 기존의 오프라인 매장에서는 선택 가능한 물건이 얼마만큼 존재하는지 소비자가 전부 알 수 없었다. 하지만 온라인 쇼핑몰에서는 몇천, 몇만 개의 상품을 디스플레이 하는 것이 가능하다.

기존 오프라인 신발 매장에서는 원하는 디자인과 색, 사이즈가 없다는 이유로 고객의 3분의 1을 잃는다고 한다. 반면 온라인 쇼핑몰은 방대한 상품을 갖춤으로써 지금까지 불가능했던 선택의 폭을 넓히고, 원하는 것은 무엇이든 찾을 수 있다는 기대감을 부여함으로써 새로운 이익 창출이 가능해졌다.

자포스는 현재 100만 개가 넘는 다양한 상품을 취급하고 있다. 게다가 정확하고도 신속한 무료 배송, 간단한 반품 처리 같은 서비스 인프라를 갖춤으로써 인터넷 쇼핑의 단점을 극복하고 장점을 최대화하려고 지속적인 노력을 하고 있다.

통화 시간을 재지 않는 컨택센터

자포스에는 일반 전화뿐 아니라, 메일과 라이브 채팅 등 다양한 매체를 통해 고객과 만나는 컨택센터가 있다. 자포스가 일반 온라인 쇼핑몰과 크게 다른 또 한 가지는, 여러 경로로 고객의 주문과 질문 등 각종 요구사항을 접수할 수 있는 컨택센터를 전면에 내세우고 있다는 점이다.

아마존 등 기존의 온라인 쇼핑몰 기업은 대부분 콜센터의 전화번호를 찾기 힘들게 만들어놓는다. 반면, 자포스 사이트를 살펴보면 어느 페이지를 봐도 왼쪽 윗부분에 전화번호가 눈에 잘 띄도록 표시되어 있다.

"자포스는 진심으로 고객과 대화하고 싶습니다. 그 마음을 표현하기 위해 전화번호를 눈에 띄게 표시해놓는 것입니다." 라고 CEO 토니는 말한다.

뿐만 아니라 자포스의 컨택센터는 연중무휴, 24시간 체제로 운영

된다. 물류센터 또한 마찬가지다. 24시간 쉬지 않고 가동되기 때문에 주문의 대부분이 다음 날 배송될 수 있는 것이다.

컨택센터와 물류센터를 1년 내내, 24시간 계속 가동하려면 엄청난 비용이 든다. 따라서 기존의 비즈니스 상식으로는 쉽게 납득할 수 없는 일이지만, 자포스는 고객에게 최고의 감동을 선사하기 위해서 꼭 해야 하는 당연한 일이라 여기며 열정적으로 두 가지의 서비스를 제공하고 있다.

자포스의 COO 겸 CFO를 맡고 있는 알프레드 린을 만났을 때 이런 질문을 던졌다.

"자포스는 설립 때부터 연간 평균 100% 이상의 성장을 해왔지만, 흑자로 전환된 것은 겨우 2006년의 일입니다. 무료 배송과 무료 반품, 다음 날 물건을 받을 수 있는 총알 배송 서비스, 24시간 운영하는 컨택센터 등에 들어가는 비용이 보통 금액은 아니라고 생각합니다. 이런 서비스 비용을 줄였다면, 좀 더 일찍 흑자 경영을 할 수 있지 않았을까요?"

"우리가 하는 많은 일에 엄청난 비용이 드는 것은 사실이지만, 우리는 어떤 것을 고민할 때 항상 장기적인 관점에 중점을 두고 있습니다."

알프레드는 짧은 말로 핵심만을 콕 집어 대답했다. 고객 서비스는 자포스의 성장을 위한 장기적인 투자라는 뜻이다.

대부분의 기업은 상품을 만들거나 판매하는 것을 '핵심사업'으로 운영한다. 이때 고객 서비스는 부가적인 것이거나 필요악쯤으로 여긴다. 하지만 자포스는 고객 서비스야말로 가장 효과적인 마케팅 방법이며, 상상 이상의 부가가치를 만들어낸다고 믿는다.

자포스가 성장할 수 있었던 두 가지 요인은 재구매 고객과 입소문이라고 알프레드는 설명했다.

고객이 기대하는 것보다 훨씬 더 만족할 만한 서비스를 제공한다면 그 고객은 반드시 다시 찾아올 것이며, 주변 사람들에게 그 경험을 이야기한다는 것이다. 이처럼 고객을 감동시키는 서비스는 재구매 고객을 창출할 뿐 아니라, 자발적으로 입소문 마케팅을 해주어 더 많은 새로운 구매 고객을 끌어오는 역할을 한다. 자포스의 모든 지표도 이것을 증명하고 있다.

자포스의 재구매 고객 비율은 75%. 이것은 하루에 자포스에 들어오는 주문의 75%가 재구매 고객에 의한 것이라는 뜻이다. 또 마케팅 관련 책을 보면, 재구매 고객은 처음 구입할 때보다 더 자주 더 고가의 물건을 구입한다고 적혀 있다. 자포스의 데이터는 이것을 입증하고 있다.

재구매 고객은 연 2.5회 이상 자포스에서 쇼핑을 하고, 1회당 첫 구매 고객의 1.3배에 가까운 비용을 쓴다. 또 첫 구매 고객의 43%는 주변 사람의 추천을 통해 자포스에 접속해 물건을 구입한 사람들이다. 키워드 광고와 제휴 사이트 등의 인터넷 노출을 통해 들어오는 고객은 44%, TV나 인쇄 매체 등 '기존 스타일의 광고'를 통해 들어오는 고객은 13%에 불과하다.

보통 회사라면 TV 광고 등 매스미디어 광고에 거금을 쏟아 붓지만, 자포스는 그 길을 선택하는 대신 고객 서비스에 투자하고 있는 것이다.

고객 서비스에 돈 쓰는 것을 '경비의 낭비'라고 보는 시각도 있다. 그러나 매스미디어 광고에 돈을 쓰는 것도 낭비인 시대가 되었다. 무엇이 더 효과적이고 기업 성장에 필요한 정책인지는 자포스와 타 회사들의 데이터를 비교해보면 알 수 있을 것이다.

자포스의 CEO 토니 셰이는 누구?

1974년 12월 12일 미국 일리노이 주에서 태어난 대만계 이민 2세.

하버드대학 컴퓨터 공학과에 입학한 뒤 기숙사 1층에 피자가게를 열어 장사를 했다. 이때 토니의 가게에서 피자를 사다가 조각 피자를 만들어 10배의 수익을 낸 알프레드 린(훗날 자포스의 COO이자 CFO)을 만나게 되고, 둘은 이후 좋은 사업 파트너가 된다.

대학 졸업 후인 1996년에 대학 친구와 링크익스체인지(LinkExchange. com)라는 회사를 설립. 링크익스체인지는 웹사이트 간의 배너 광고를 교환하는 서비스 기업으로, 2년 만에 직원이 100여 명으로 늘어나는 등 급성장하였다. 하지만 더 이상 자신이 만든 회사에서 행복을 느끼지 못한다는 이유로 2억 6,500만 달러를 받고 이 회사를 마이크로소프트에 매각했다. 이때 토니의 나이 스물넷.

그 후 알프레드 린과 함께 벤처 캐피탈 회사를 차려 20여 개의 인터넷 회사에 투자하다 자포스의 아이디어에 매력을 느껴 50만 달러를 투자했다.

2000년에는 정식으로 자포스를 인수해 CEO가 되었으며 그해 총매출 160만 달러였던 자포스를 2008년 10억 달러, 2009년에는 12억 달러로 올려놓으며 탄탄한 기업으로 성장시켰다. 또한 2009년 〈포춘〉이 선정한 '일하기 좋은 100대 기업' 중 23위, 2010년에는 15위에 뽑히면서 미국 비즈니스계의 주목을 받았다.

2009년 토니는 아마존이 12억 달러에 자포스를 인수하는 데 합의했다. 그러나 자포스는 여전히 자포스 고유의 문화와 비전을 지키며 독립적으로 운영되고 있으며, 토니 셰이 또한 인터넷 시대에 가장 앞서가는 경영자로 주목받고 있다.

토니 셰이와의 인터뷰

Q 아마존이 자사 사상 최고가로 자포스를 인수하면서 다시 한번 자포스라는 이름이 수면 위로 떠올랐다. 자포스는 도대체 어떤 기업인가?

A 먼저 자포스 이전에 시작했던 회사 링크익스체인지에 대해 이야기해야 할 것 같다. 지난 1996년 대학 룸메이트와 시작한 이 회사는 100여 명의 직원이 일하는 회사로 성장한 뒤 1998년 2억 6,500만 달러라는 조건으로 마이크로소프트사에 인수됐다. 좋은 조건으로 회사를 판 것처럼 보이겠지만 사실 회사에 손을 뗀 이유는 기업문화가 완전히 무너져 내리고 있음을 직감해서였다. 일을 하는 데 있어 나 자신조차 어떠한 열정도 느낄 수 없는데 직원들이 느끼는 회사생활은 어떠했을까, 하는 자조감이 섞인 감정이었다.

때문에 1년 뒤 자포스에 합류했을 때 기업문화를 회사의 최우선 과제로 생각하게 됐고, 내친 김에 10가지 '핵심가치'를 만들어 직원 모두가 소통할 수 있는 공통의 언어를 정의하기에 이르렀다. 결과적으로 이러한 핵심가치는 고객 만족 서비스를 통한 브랜드 구축에 성공적으로 작용하며, '자포스의 기적'이라는 말을 만들어냈다. 이러한 일련의 과정과 성공이 아마존이 최고가로 자포스를 인수하는 데 많은 영향을 줬을 거라 생각한다.

Q '핵심가치'는 자포스만의 고유 기업문화라 해도 과언이 아니다. 처음에는 이 핵심가치에 37가지나 되는 목록이 있었다고 들었다.

A 맞다. 우리는 사람을 채용하거나 내보낼 때, 또는 업무 성과를 평가할 때 기준이 될 수 있는 확실한 항목들을 원했다. 때문에

1년이라는 시간을 투자하기에 이르렀고, 초기에 제안된 37개의 항목들이 정리·통합되면서 10개의 항목이 남게 됐다. 이렇게 만들어진 것이 바로 우리의 핵심가치다.

 핵심가치를 공식화하기까지 1년이라는, 짧다면 짧고 길다면 긴 시간을 보냈는데 어려운 점은 없었나?

 물론 처음부터 순조롭게 일이 진행된 건 아니다. 나 또한 핵심가치를 만들어내는 일을 망설였으니 말이다. 자포스를 시작하고 약 7년 정도는 정형화된 어떤 핵심가치도 가지지 못했는데, 이는 대기업들이나 하는 일이라 치부했던 나의 판단 착오 때문이었다. 하지만 많은 직원들이 '핵심가치' 만들기를 원했고, 고맙게도 나를 설득하는 데 성공했다. 지금 다시 회사를 시작한다면 첫날부터 핵심가치를 만들 생각이다.

 핵심가치는 자포스에 어떠한 변화를 가져왔나?

 첫날부터 변화가 시작된 건 아니다. 몇 달이 흐르면서 서서히 찾아왔다. 하지만 지금 생각해보면 그 몇 달 동안의 소소한 변화가 회사라는 곳에서 일어났다는 점이 매우 놀랄 만한 일이다.
직원들이 생각하는 방식이 많이 일치됐다는 말인데, 이는 각각의 개성이 한 방향으로 치우치게 됐다는 뜻이 아니라, 각각의 개성이 존중되고 '재미와 약간의 괴팍함'이 인정되어 독창적인 아이디어에 도전하며 즐길 수 있는 분위기가 조성됐다는 말이다.
이러한 우리의 변화는 전 세계 기업들에게 기업문화, 핵심가치, 고객 체험, 열정 그리고 동시에 재정적인 목표까지도 이룰 수 있는 어떤 영감을 주는 데 많은 역할을 하고 있다고 생각한다.

 직원들이 한마음 한뜻으로 움직이며 즐겁게 일하고 있다니 놀랍다. 이러한 분위기를 만들기 위해 어떤 노력들을 했는가?

 라스베이거스에 있는 자포스 본사를 예로 들 수 있겠다. 이 빌딩에는 약 700여 명의 직원들이 일하고 있는데 출입구는 단 하나뿐이다. 이전 세입자는 여러 개의 출구를 만들어놓았지만 우리는 정문을 제외한 나머지 문을 모두 잠가버렸다. 이유는 모든 직원을 한 장소로 지나가게 함으로써 커뮤니티를 조성하고 기업문화를 만드는 데 도움이 된다고 판단했기 때문이다.

또 무료 점심을 예로 들 수 있는데, 이는 한 공간에서 점심을 먹으며 좀 더 자유롭게 서로의 의견을 제시하고 소통하게끔 만들기 위한 것이다. 이러한 발상은 마치 눈덩이를 굴리면 그것이 점점 커지는 것처럼, 한 직원이 자기가 원하는 프로젝트를 시작하면 다른 직원들도 그들의 아이디어를 실현시키고자 하는 욕구를 가지게 되는 결과를 낳았다.

Q 그렇다 해도 수많은 직원들을 통솔하는 데 어려움이 있었을 것 같다.

A 나는 스스로를 리더라고 생각하기보다는 직원들이 아이디어를 펼치고 스스로 문화를 키우고 발전시킬 수 있도록 환경을 만들어주는 건축가라고 생각한다. 일방적으로 '이게 우리의 비전이다.'라고 주장하는 것은 내 스타일이 아니다.

직원과 기업문화를 식물에 비유한다면, 나는 그들이 원하는 화분이 아니라 그들이 번창하고 자랄 수 있는 비닐하우스를 만드는 건축가가 되려고 노력할 뿐이다.

누구나 신청만 하면 라스베이거스 본사를 투어할 수 있다. 이런 기발한 투어는 어떻게 시작됐나?

 처음에는 협력업체를 대상으로 시작했는데, 업체의 수가 1,000여 개로 늘어나면서 입소문을 타게 됐다. 지금은 모든 일반인을 대상으로 투어가 진행되고 있다. 본사 투어는 더 많은 사람들과 인간적으로 교류할 수 있는 기회를 우리에게 준다. 그리고 우리의 문화를 일반인들이 직접 체험할 수 있는 기회가 되기도 한다.

때로는 투어가 끝난 후에도 자포스가 감추고 있는 다른 것들이 있지 않나 궁금해하는 사람들이 있는데, 솔직히 말해 우리는 어떤 비법이나 비밀을 가지고 있지 않다. 그저 우리가 하는 일을 언제나 공개적으로 나누고자 할 뿐이다.

본사 투어, 강연, 홈페이지(www.zapposinsights.com)를 통해 많은 것을 나누면 나눌수록 고객 만족과 기업문화 집중에 성공한 다른 기업의 이야기도 많이 듣게 된다. 심지어 완전히 다른 산업에 속하는 냉장고 수리나 술집을 운영하는 사람들에게도 성공 스토리를 적은 메일을 받는다.

나는 근본적으로 기업이 어떤 문화를 갖고 있는지는 문제가 되지 않는다고 생각한다. 중요한 것은 얼마나 강력한 문화를 가졌는가, 그리고 회사가 그 문화를 어떻게 유지하는가이다.

Q 아마존에 인수 합병된 후에도 아직 자포스에 남아 있다. 이유는?

A 우리가 하는 일이 단순히 자포스의 고객, 직원, 협력업체를 행복하게 만드는 것이 아니기 때문이다. 앞서 말했듯 세계의 기업들이 자포스의 성공을 보고 많은 영감을 얻을 수 있도록 돕고자 하는 것이 우리의 일이다. 나는 이러한 움직임을 이미 시작하고 있다고 생각한다.

Q 마지막으로 사업가로서의 성공 비결을 말해달라.

A 첫 번째는 직원과 고객 모두에게 의미 있는 비전을 갖는 것이다. 자포스의 경우에는 고객 만족 서비스가 그것이다.
또 사업에 대한 진정한 열정이 필요하다. 단순히 돈을 버는 것을 목표로 삼지 말라는 말이다. 돈을 벌지 못하고 힘든 시간을 보내더라도 그 순수한 열정을 버리지 않는다면 모든 어려움을 이겨낼 수 있을 것이다.
또한 이러한 마음을 직원과 고객 모두가 알아채게 된다면 우리가 말하는 '성공'에 다가설 수 있을 것이다.

_〈뉴욕타임스〉 2010년 1월 9일 기사에서 인용.

신발이 아닌 서비스를 팔다

"자포스는 어떤 회사입니까?"

이런 질문을 했을 때 자포스 경영진의 대답이나, 직원 한 사람 한 사람의 대답은 한결같았다.

"자포스는 단순히 물건을 파는 회사가 아닙니다. 우리는 서비스를 파는 서비스 컴퍼니입니다."

이 말에는 자포스는 '서비스'를 파는 회사이기 때문에 세상의 그 어떤 상품을 취급해도 아무 문제가 없다는 자신감이 담겨 있다.

자포스의 비즈니스 포커스는 어디까지나 '서비스'에 있고, '신발'이라는 카테고리는 운명적인 만남에 의해 우연히 선택된 것이다. 그러나 창업 이후 10년간 자포스의 성공을 평가할 때, 미국 신발시장에서 자포스가 이룬 약진을 무시해서는 안 된다.

자포스 설립 당시인 1999년, 미국의 신발 소매시장의 규모는 400

억 달러였다. 그중 카탈로그 판매를 통해 팔리던 비율은 전체의 5% 정도인 약 20억 달러 규모였다. 신발 판매에 있어서 온라인 판매가 가지는 잠재성은 그것보다 훨씬 클 것이라는 사실을 창업자인 닉과 지금의 CEO인 토니, 그리고 초기 창업 멤버들 모두가 직감적으로 느꼈던 것이다.

자포스가 개척한 온라인 신발 판매시장은 2009년 현재 29억 달러 규모다. 자포스는 2008년에 연 매출 10억 달러를 돌파하여, 온라인 전체 시장의 30% 이상을 점유했다. 아마존이 운영하는 엔드리스닷컴(endless.com)이나 의류 대기업 GAP이 운영하는 파이퍼라임닷컴(piperlime.com) 등 경쟁 사이트의 추격은 치열하지만, 온라인 전문 신발 판매 카테고리 안에서는 자포스가 압도적인 우위를 지키고 있다.

자포스는 서비스 컴퍼니

오늘날 자포스가 온라인 쇼핑업계뿐 아니라 미국 비즈니스계 전반에서 뜨거운 주목을 받고 있는 것은, 눈부신 성장률도 신발 온라인 판매시장의 우세 때문도 아니다. 또 고객 친화적 서비스 정책과 서비스 인프라가 초점이 되고 있는 것도 아니다. 서비스 정책과 웹사이트, 물류센터라는 서비스 인프라는 타사에서도 모방이 가능하기 때문이다.

"자포스의 경영 포커스는 다름 아닌 기업문화에 있습니다."

CEO 토니 셰이는 마케팅부터 인사 관련 행사와 강의, 그리고 각종 컨퍼런스 등에 초청되는 최고의 인기 스타다. 토니의 단골 주제는 언제나 기업문화다. 내가 처음으로 토니의 강연을 들었을 때도 '서비스 포커스적인 문화를 만들려면 어떻게 해야 하는가?'가 강연 제목이었다.

"우선, 서비스를 중심으로 한 기업문화를 구축하고 키워야 합니다. 그렇게 된다면 성과는 자연스럽게 따라오게 되어 있습니다."

토니의 어조는 조용하고 조심스러웠지만, 자신감과 자부심으로 가득 차 있었다.

미국에서 26년 동안 컨설턴트로 일하면서, 많은 우량 기업을 접하고 그에 대해 셀 수 없을 만큼 많은 연구 보고서를 만들었지만, 기업문화를 차별화의 제1조건으로 내건 회사는 한 번도 만나본 적이 없었다.

대부분의 기업은 기업문화의 중요성을 전면에 내세우지 않는다. 회사를 경영하는 데 있어서 어느 정도 필요한 백그라운드쯤으로 생각하는 경향이 강하다. 영업, 상품 개발, 마케팅 등 본업의 운영에 관계된 많은 것들을 어지간히 갖추고 나서야, 구색을 맞추기 위해 기업문화를 만들곤 한다.

그러나 자포스는 기업문화를 전면에 포진시키고, 모든 것은 기업문화에서 시작한다고 단언한다. 기업문화가 경쟁 우위의 비밀이라고 하면, 대개의 사람들은 머리를 갸웃거린다. 왜냐하면 이론적으로는 그럴듯하지만 '기업문화 = 경쟁 우위'라는 등식을 머릿속에 그릴 때 그 등식의 알맹이가 쏙 빠져 있는 느낌이 들기 때문이다.

사실 나도 그랬다. 미국과 일본의 비즈니스계에서 여러 기업의 흥망을 보았기 때문에, 기업문화가 중요하다는 생각은 가지고 있었다. 하지만 "기업문화가 모든 것의 근본이다."라는 토니의 말을 들었을 때 나는 전율을 느꼈고, 자포스라는 회사에 강렬한 흥미가 싹트기 시작했다.

서비스가 성장의 원동력이다

자포스의 슬로건은 'Powered by Service', 즉 서비스가 기업 성장의 가장 중요한 원동력이라는 것이다. 자포스가 최고의 서비스를 제1의 가치로 삼고 있다는 것을 CEO인 토니 셰이는 다음과 같이 말한다.

"자포스에서는 고객 서비스가 한 부서의 이름이 아닙니다. 회사 전체의 기반이 바로 고객 서비스인 것이지요."

앞에서 말한 것처럼 많은 온라인 기업이 전화를 통한 고객 대응을 비용 낭비라고 간주해서 프리 다이얼번호를 숨기려 한다. 그러나 자포스는 24시간 연중무휴로 컨택센터를 운영하고, 그 번호를 사이트 전 페이지에 당당히 표시해왔다. 그것은 '언제든 꼭 전화해주세요.'라는 진지한 초대장처럼 보인다.

온라인, 오프라인을 불문하고 많은 기업이 콜센터를 부차적 부서로 여긴다. 핵심 사업을 운영하기 위해 어쩔 수 없이 갖추어야 하는 필요악으로 가정하고, 노동력이 싼 해외시장으로 콜센터를 옮기거나 계약직으로 꾸려나가는 곳이 많다. 하지만 자포스의 컨택센터 직원은 모두 정직원이다. 전체 1,500여 명의 직원 중 400명 정도가 컨택센터에서 일하는데, 그들 모두는 입사 직후에 약 4주간 트레이닝을 받는다. 그것도 유급으로!

세상 어디에도 없는 특별한 컨택센터

자포스는 2004년에 본사를 샌프란시스코에서 라스베이거스로 옮겼다. 이전을 결심한 이유는 컨택센터에 적합한 인재를 확보하기 위해서였다. 알려진 것처럼, 샌프란시스코는 IT가 산업의 중심을 이루는 지역이다. 그렇기 때문에 컨택센터에서 하는 일을 전문직으로 받아들이기보다는 단순한 아르바이트 정도로만 생각하는 경향이 강했다. 고객 서비스에 열정을 가진 인재를 찾기 위해서는 컨택센터의 일에 자부심을 가지고 최선을 다할 사람이 많은 라스베이거스 같은 지역으로 이전할 필요가 있었다.

물론, 본사를 샌프란시스코에 남겨두고 컨택센터만 라스베이거스로 옮기는 방법도 있다. 다른 기업이라면 그렇게 했을지도 모른다. 하지만 토니 셰이는 고개를 가로저었다. 자포스이기 때문에 어떻게 해서든 회사 전체가 함께 이동하는 것 외에 다른 방법은 없었다는 것이다.

그리하여 회사 전체가 샌프란시스코에서 라스베이거스로 대이동을 했다. 당시 직원은 약 90명, 그 가운데 75명 정도가 본사 이전에 찬성했다. 회사의 DNA인 고객 서비스가 중심이 되도록 합심할 수 있는 인재를 찾아서 대이동을 한 것이다.

이렇게 해서 고객 서비스에 대한 고정관념을 깨뜨리고, 새로운 정의를 세운 자포스의 '혁명적 컨택센터'가 탄생하게 되었다.

자포스의 컨택센터와 타사의 콜센터가 확연히 다른 점은 무엇일까? 자포스의 컨택센터에서 일하는 직원의 대부분에게 이 질문을 던져보았다. 응답한 직원들 중에는 10년 이상 콜센터에서 일했던 베테랑도 있고, 컨택센터 근무가 처음이라는 20대 남짓의 젊은이도 있다.

자포스에 오기 전에 여러 회사의 콜센터에서 일한 경험이 있는 수잔은 자포스의 컨택센터가 갖고 있는 놀라운 점을 이렇게 설명했다.

"자포스가 다른 회사와 다른 점은 여러 가지가 있겠지만, 그중에서도 고객 응대 처리시간을 측정하지 않는 것이 가장 놀랍고 획기적이에요."

'처리시간'이란 콜센터 직원이 콜 한 건당 소비하는 통화 시간과 그 후 데이터 입력 등에 쓰는 후처리 시간을 더한 것으로, 보통 콜센터 직원의 생산성을 측정하는 일반적인 지표로 사용한다. 하지만 수장이 말하는 것처럼, 자포스에서는 그 수치를 측정하지도 지표로 삼지도 않는다. 문제 해결이라는 도달점, 즉 고객을 만족시키기 위해서는 몇 시간을 써도 좋다는 것이다.

"자포스의 컨택센터 직원들은 고객 응대에 있어 어떠한 제약도 받지 않습니다. 정해진 절차나 스크립트는 물론 준수해야 하는 통화 시간도 없습니다. 직원들이 꼭 해야 하는 일은 고객과 통화하면서 그들의 불만을 해결하고 만족을 주는 것입니다. 실제로 업무평가를 할 때도 우리는 고객 만족도를 척도로 삼습니다. 최대한 많은 사람의 손과 눈과 귀를 빌려야만 최고의 고객 서비스를 할 수 있다고 믿기 때문입니다."

– 알프레드 린. 자포스 COO 겸 CFO

고객을 만족시키기 위해 '통상적 기준'을 초월하는 서비스를 제공할 수 있는가 아닌가가 바로 자포스의 지표다. 하지만 자포스도 어엿한 기업이다. 사람을 고용하고, 그 일에 대해서 적합한 월급을 줘야 하기 때문에 어떻게든 업무평가를 해야 한다. 그렇다면 매상 할당량도, 스크립트도, 지켜야 할 통화 시간도 없는 자포스에서 직원들의 업무평가를 위해 척도로 삼고 있는 것은 과연 무엇일까? 그리고 그 방법은 무엇일까? 컨택센터 시니어 매니저가 이에 대해 명확한 답을 주었다.

"기본적으로 사내 팀에 의한 평가와 고객에 의한 평가, 이 두 가지 방법으로 평가하고 있습니다."

컨택센터 내부에는 퀄리티 보증 팀이 있다. 퀄리티 보증 팀은 콜을 모니터링한 뒤 직원들에게 조언을 해준다.

- 개선할 필요가 있다.
- 이렇게 대처하는 방법도 있다.
- 고객에게 감동을 줄 찬스가 있었는데 그것을 놓쳤다.

이것이 바로 사내 팀에 의한 평가이다.

또 다른 한 가지는 'NPS(Net Promoter Score; 순고객추천지수)'에 의한 평가이다. NPS는 고객 충성도 연구의 권위자인 프레더릭 라이히헬드(Frederick F. Reichheld)가 고안한 지표다. "이 회사와 상품, 또는 서비스를 친구나 주변 사람들에게 추천하겠습니까?"라는 간단한 질문에 대해 고객에게 10단계 평가를 받는다. 그리고 적극적으로 추천하겠다는 고객과 추천하지 않겠다는 고객이 점하는 비율을 산출한다. 10단계 평가 중에서 대답이 9나 10이면 적극 추천 고객이 되고, 0~6개까지라면 비판자가 된다. 말할 것도 없이 적극 추천 고객의 비율이 높으면 높을수록 좋은 것이다.

이 지표에 따라 자포스의 NPS 팀은 고객에게 전화를 걸어 회사의 서비스 전체에 대해 어떻게 평가하는지를 묻는다. 또한 컨택센터 직원의 서비스가 어떠했는지도 묻는다. 만약 고객의 평가가 그다지 좋지 않으면, 그 직원의 직속 팀장이나 매니저가 고객에게 사과 전화를 걸게 되어 있다. 각각의 컨택센터 직원이 고객을 감동시킬 만한 서비스, 그리고 깜짝 놀랄 만큼 멋진 서비스를 제공하고 있는지 아닌지는 이렇게 사내 팀에 의한 평가와 고객에 의한 평가를 합쳐서 판단한다.

모든 것은 기업문화에서 시작된다

컨택센터의 목표는 고객에게 기대 이상의 서비스를 제공하는 데 있다. 그래서 한 건의 콜에 얼마만큼의 시간을 소비하는지, 또는 그 콜이 최종적으로 주문으로 이어지는지는 성과의 지표가 될 수 없다.

"고객이 원하는 신발이 자포스에 없는 경우도 있습니다. 그럴 때 자포스의 컨택센터 직원은 적어도 세 군데의 다른 사이트를 체크해서 그 신발을 구입할 수 있는 곳이 어디인지, 가격은 얼마인지 조사해서 알려주도록 교육받고 있습니다. 그럴 경우 고객은 다른 사이트에서 신발을 사게 되겠지요. 하지만 그래도 좋습니다. 그 고객이 자포스의 서비스에 만족하기만 한다면 말이지요. 그 고객은 기분 좋은 경험 때문에 다음에도 다시 자포스에 와야겠다고 생각할 테니까요."

– 토니 셰이, 자포스 CEO

토니는 자포스의 컨택센터가 고객 만족을 얼마나 중요하게 생각하는지 설명할 때면, 다음의 일화를 자주 거론한다.

토니와 자포니언(zapponian; 자포스에서는 직원을 '자포니언'이라 부른다) 몇 명이 스니커즈 브랜드인 '스케쳐스(skechers)'에 초대되어 남캘리포니아를 방문했을 때의 일이다.

일을 끝낸 자포니언과 스케쳐스 직원은 밤늦도록 찻집과 술집을 오가며 많은 이야기를 나눴다. 그렇게 일과를 마치고 산타모니카의 숙소에 돌아왔을 때, 누군가 피자를 먹고 싶다는 말을 꺼냈다. 그러나 아주 늦은 시간이어서 룸서비스도 되지 않았다.

그때 누군가 농담 반 진담 반으로 자포스에 전화해보자고 했다. 자포스 직원이라는 것이 드러나면 안 되기 때문에 전화는 스케쳐스의 직원이 걸기로 했다. 그리고 토니를 비롯한 자포니언은 옆에서 조용히 전화 내용을 듣고 있었다.

"여보세요. 제가 지금 산타모니카의 호텔에 있는데요, 피자가 너무 먹고 싶어요. 그런데 시간이 늦어서 룸서비스도 안 되고 초행이라 주변에 식당이 있는지도 알 수가 없어요. 어떻게 안 되겠습니까?"

스케쳐스 직원의 말이 끝나자마자 자포스의 컨택센터 직원은 이렇게 답했다.

"잠시만 기다려주세요. 저, 지금 묵고 계신 호텔에 피자를 배달해 줄 피자집을 몇 군데 찾았습니다. 메모할 수 있으세요?"

그리고 가게 이름과 전화번호를 불러주었다.

믿을 수 없겠지만 정말 있었던 일이라고 한다. 사실, 자포스의 컨택센터 직원은 신발과는 관계없는 고객의 질문이나 요청에도 친절하게 대답하도록 교육받았기 때문에 가능한 일이었다.

"그래도 제 흉내를 내면서 재미 삼아 자포스에 전화를 걸어 피자를 주문하진 말아주세요. 자포스 직원은 그 일을 위해 고용된 사람은 아니니까요."

토니는 이렇게 농담처럼 웃으며 이 이야기를 마무리했다.

- 매상과 아무런 상관이 없는 고객의 질문에도 진지하게 답한다!
- 고객이 충분히 만족할 때까지, 아무리 많은 시간이 걸려도 최선을 다해 해결책을 제공하는 데 힘쓴다!

이 말들은 표어로는 멋진 내용이지만, 현실적으로는 대단히 많은 돈이 드는 비즈니스 정책이다. 기업의 비즈니스 목적은 돈을 벌고 이익을 올리는 것이다. 봉사만 해서는 기업을 유지시킬 수가 없다. 그렇다면 자포스는 이익 추구와 고객 서비스 비용의 균형을 어떻게 맞추고 있을까?

자포스에서는 고객 서비스를 비용으로 취급하지 않는다고 토니는 말한다.

"컨택센터의 전화 응대는 오히려 둘도 없는 브랜딩 기회라고 생각하고 있습니다. 고객이 5분 또는 10분 동안 무엇에도 방해받지 않고 저희들의 말에 귀를 기울여주는 그런 찬스가 또 어디에 있겠습니까? 고객이 자포스와 이야기하기 위해 전화를 걸어주는 것, 그 귀중한 시간을 우리는 '평생고객(Customer for life)', 즉 평생 함께 하는 관계를 만들기 위해 활용하는 것입니다. 그것은 비용의 낭비가 아니라, 아주 의미 있는 투자입니다."

자포스만의 고객 감동 서비스

고객을 위해 무엇이든 하라

자포스는 고객이 아주 평범한 질문을 해도, 그 고객으로 하여금 결국은 "와우(WOW)!"라는 감탄사를 내뱉게 만드는 이상한 힘을 가지고 있다. 그 비밀은 자포스가 고객 서비스에 대한 기존의 개념을 깨부수고 고객의 눈으로, 나아가 기업의 눈으로 보더라도 다시 한번 돌아보게 만드는 고객 서비스의 비법을 마스터하고 있다는 것에 있다.

예를 들면 자포스에서는 고객을 만족시키기 위해서라면 뭐든지 해도 좋다고 할 정도의 엄청난 권한과 책임을 직원들에게 주고 있다. 팀장이나 매니저뿐 아니라 컨택센터의 신입사원 한 사람 한 사람이 똑같은 권한과 책임을 갖고 있는 것이다. 반품, 환불 처리, 특별 배송의 수단, 쿠폰 발행 등 자포스의 컨택센터 직원은 보통의 콜센터 직원에게는 허락되지 않는 다양한 권한을 각자의 데스크톱에서 매우 간단하게 처리할 수 있게 되어 있다.

이미 말했지만, 자포스의 컨택센터에는 스크립트가 없다. 보통 콜센터에는 고객을 응대하는 직원의 말과 태도를 통일하기 위해 스크립트를 정해놓고 있다. 그러나 자포스는 컨택센터 직원이 판에 박힌 태도로 고객을 대하는 걸 원하지 않는다. 400명 정도의 직원이 근무하는 컨택센터에는 400가지의 '개성'이 있어야 한다고 생각하기 때문이다.

"자포스는 직원의 개성을 존중하고, 또 적극 권하고 있습니다. 그것이 자포스가 다른 회사와 크게 다른 점이며, 자포스 성공의 비밀이라고 생각합니다."

머리카락을 한껏 세우고 오른손 팔목에는 커다란 문신을, 아랫입술에는 피어싱을 한 직원이 말했다.

"자포스에 입사하기 이전에도 콜센터에서 일한 적이 있습니다. 하지만 그곳에서는 양복에 넥타이를 매야 했고, 문신이며 피어싱 같은 건 생각할 수도 없었습니다. 하지만 자포스에서는 복장은 물론 액세서리를 자유롭게 할 수 있고, 고객을 상대할 때도 각자의 개성과 아이디어를 살리라고 권합니다. 그것이 자포스의 문화이며, 그 문화가 자포스를 '특별한(Only One)' 회사로 만든다고 생각합니다."

자신만의 개성을 살려라

자포스 본사 건물을 걷다 보면, 1분도 안 되어 반드시 눈에 들어오는 것이 있다. 양쪽 팔을 다 덮을 듯한 타투, 록 뮤지션처럼 잔뜩 치켜세웠거나 분홍색·녹색 등으로 물들인 머리 스타일, 코와 입술에 주렁주렁 달려 있는 피어싱들…. 물론 평범한 모습의 직원도 있지만, 제 나름대로의 기발한 모습을 한 직원들이 사내를 활보하고 있다.

미국의 콜센터는 매일 아침 출근할 때마다 자리가 바뀌거나 팀 멤버가 바뀌는 경우가 흔하다. 또한 직원 개인이 본인 자리에 사적인 물건을 두는 것을 금지하고 있다. 그러나 자포스의 컨택센터 직원들은 모두 자기 자리를 가지고 있고, 책상 위나 주변을 각자의 취미나 개성에 맞게 꾸미고 있다. 모든 팀에는 '꿀팀' 'ㅇㅇ팀' 같은 각각의 이름이 있으며, 각자의 자리 위에는 팀 테마에 맞는 그림이 그려진 큰 명찰이 매달려 있다.

각자 자유롭게 개성을 표현할 수 있는 자포스의 근무 환경이야말로, 고객을 대할 때 창조적인 서비스로 그들을 감동시킬 수 있는 힘의 원천이다. 어머니를 잃은 고객에게 꽃다발을 보낸 일도 비슷한 예이지만, 자포스가 고객에게 특별한 서비스를 하는 것은 모두 각 직원의 자발적인 행동에서 나오는 것이다. 구입한 신발의 상태를 묻기 위해 전화나 이메일을 보내는 것, 감사의 마음을 전하기 위해 엽서나 메시지 카드를 보내는 간단한 것부터 시작하여, 때로는 팀이나 컨택센터 전체가 똘똘 뭉쳐 대규모 프로젝트를 만들기도 한다.

화재로 집이 타버려 살 곳이 없어진 조카를 위해 신발을 사려는 한 고객의 이야기에 감동한 컨택센터 직원 모두가 자발적으로 그 아이를 위한 구호물자를 모은 일, 이라크에서 싸우는 병사들을 위해 게임기와 게임 소프트 등 여러 가지 위문품을 모아서 보낸 일 등 고객을 감탄시키는 '와우(WOW) 패키지'의 예는 나열하기 어려울 정도로 많다. 메시지 카드 하나도 대부분 직원이 그린 일러스트를 첨부해 직접 손으로 써서 보낸다. 인쇄된 획일적인 문장에 서명만 한 카드는 한 장도 없다.

자포스는 이메일도 특별하게 쓴다. 보통 회사에서 업무를 위해 주고받는 이메일에는 간단히 용건만 적기 때문에 누가 써도 늘 같다. 하지만 자포스는 다르다.

자포스에서는 직원 한 명 한 명에게 각자의 개성을 표현하도록 권하고 있다. 그래서 자포스의 직원들은 꼭 알려야 하는 용건과 더불어 자신만의 독창적인 인사말을 넣는다거나, 이전에 전화나 이메일로 이야기를 했던 내용을 언급하는 등 여러 가지 방법으로 고객 응대에 최선을 다하고 있다.

하지만 개성만 강조하는 건 아니다. 이메일을 쓸 때도 완벽한 문장을 구사할 수 있도록 문법 수업을 별도로 진행하고 있다.

고객과 마음을 나누어라

대부분 다른 콜센터에서는 주문 처리든 반품 처리든, 어쨌든 한 시라도 빨리 일을 끝내고 다음 콜을 받지 않으면 안 된다. 그러나 자포스에서는 고객에 대해 가능한 한 깊게 알려고 한다. 혹시 수화기 너머로 강아지 짖는 소리가 들린다면 "어떤 강아지 키우고 계세요?"라고 묻는다. 마음과 마음이 연결되고 그것을 서로 느끼고 나눌 수 있는 것! 그것이 자포스 컨택센터의 가장 큰 목표라는 것을 모든 직원이 알고 있기에 가능한 일이다.

자포스의 컨택센터 직원들은 각자의 감성을 최대한 발휘해 고객을 대한다. 인간 대 인간으로서 고객을 만나고 그들의 마음에 감동을 주기 위해 다양한 일들을 시도한다. 그것은 신선한 감동을 불러일으킨다.

기계적이고 획일적인 대응에 익숙해져 있는 우리 현대인들은 수화기 너머의 누군가가 자연스러운 감정을 가지고 우리를 인간으로 대해줄 때, 또는 기대하지 않았던 즐거운 감정을 선물 받았을 때 마음이 움직이게 된다. 그것은 매우 자연스러운 이치다.

기업의 직원은 노동력이고 머릿수이기 때문에, 매뉴얼에 맞춰 모두에게 같은 것을 시키는 것이 편하다. 하지만 사람을 단순한 대상이 아닌 '보물'이라고 생각하면, 서비스업에서의 접근은 180도 다른 것이 된다.

자포스는 인간에게 내재되어 있는 감성과 개성을 가장 귀중한 재산으로 간주하고, 그것을 맘껏 표현하는 것이 기업을 성장시키는 원동력이라고 믿는다. 상품이 아닌 서비스를 주력상품으로 배치하여, 어느 누구도 흉내 낼 수 없는 '특별한(Only One)' 서비스를 목표로 하는 자포스의 정책에 대한 진지한 연구와 접근이 필요하다.

Part. 3

새로운 기업의
모델을 만들다

The
Zappos
Miracles

10가지 핵심가치 만들기

삶의 방식이 되어주는 핵심가치

자포스 컨택센터의 팀장인 톰은 어린아이처럼 장난기 가득한 눈빛으로 '파워 아워 (Power Hour)'에 대한 이야기를 해주었다.

"저는 오후 3시부터 밤 12시까지 근무합니다. 일을 하는 중간에 약간의 여유시간이 생기는데, 우리는 그것을 '파워 아워'라고 부릅니다. 그 시간에는 업무 대신 간단한 게임을 해요. 어젯밤에는 각 팀당 두 명을 뽑아서 탁구 매치게임을 했습니다. 이것은 자포스의 핵심가치 중 하나인 '재미와 약간의 괴팍함을 추구하자.'의 실천이기도 합니다."

자포니언과 대화를 하고 있으면, 이야기 중간중간에 '핵심가치'라는 단어가 자주 나온다. 의식적으로 쓰는 말이 아니라, 지극히 자연스럽게 입에서 튀어나온다는 느낌을 받는다.

일반 기업을 방문해보면 사무실 벽이나 복도에 회사의 사훈이나 경영이념 등을 붙여놓은 모습을 흔히 볼 수 있다. 빌딩 1층의 안내 데스크에 걸어놓기도 하고, 아침 조회 때 강의의 주제로 회사의 경영이념을 채택하는 사례도 많다. 하지만 직원 한 사람 한 사람이 그것을 자신의 것으로 만들어 날마다 실천에 옮기는 회사는 그리 많지 않다.

세상에는 자기가 일하는 회사의 사훈이나 경영이념이 무엇인지 전혀 모르는 채 일하는 사람이 더 많을 것이다. 거기에 비해 자포스의 핵심가치는 그저 조회 시간에 앉아 경청하거나 다 같이 복창하며 외우게 하는 그런 단순한 구호가 아니다.

"자포니언에게 있어 핵심가치는 곧 삶의 방식이에요. 근무시간에만 핵심가치를 중요시하고 퇴근하면 잊어버리는 일은 있을 수 없습니다. 자동차를 운전하고 있는데 옆 차선에서 끼어들기를 했다고 가정해볼게요. 자포스에 입사하기 전에는 이런 상황에서 상대방에게 화를 내거나 혼자 짜증을 내곤 했어요. 그러나 지금은 자포스가 추구하는 감동 서비스나 인간을 중요시하는 가치 등을 늘 생각하기 때문에 내 안에서 상대방에 대한 이해와 관대한 마음이 생기는 것을 느낍니다. 그래서 화를 내지 않게 돼요."

– 제인, 컨택센터 부매니저

"자포스의 모든 것은 핵심가치에서 시작됩니다."

– 알프레드 린, 자포스 COO 겸 CFO

그렇다면 핵심가치라는 것은 대체 어떤 것인가? 자포스의 핵심가치는 무엇이고 언제, 어디서부터 어떻게 생겨난 것일까? 이에 대한 궁금증을 풀어보려 한다.

자포스의 10가지 핵심가치

핵심가치란 기업이 나아가고자 하는 방향으로 전체 직원이 함께 나아갈 수 있도록 도와주는 가치 기준이다.

직원에게 있어서 핵심가치는, 근무시간에는 입고 있다가 집에 가면 벗어버리는 유니폼이 아니다. 오히려 직원들의 사내 활동과 더불어 사생활에도 영향을 미쳐, 그에 맞는 의사 결정을 하도록 도와준다.

특히 자포스처럼 직원들에게 많은 권한을 위임하는 기업의 직원은 하루에 몇 번이라도 무엇인가를 선택하고 결정해야 하는 상황에 놓인다. 그럴 때에 조직의 존재 의의와 목표를 중심점에 두게 함으로써 옳고 그름을 판단할 수 있도록 도와주는 것이 핵심가치인 것이다.

10가지 핵심가치

01 ● ● 고객 감동 서비스를 실천하자 (Deliver WOW Through Service)
자포스는 고객을 감동시키는 모든 일을 가치 있게 생각한다.

02 ● ● 변화를 수용하고 주도하자 (Embrace and Drive Change)
성장하는 회사는 항상 변화한다.

03 ● ● 재미와 약간의 괴팍함을 추구하자 (Create Fun and A Little Weirdness)
자포스는 재미와 독특함을 장려한다.

04 ● ● 모험심과 창의성 그리고 열린 마음을 갖자
(Be Adventurous, Creative, and Open-Minded)
실수나 위험을 두려워하지 말고 항상 도전한다.

05 ● ● 배움과 성장을 추구하자 (Pursue Growth and Learning)
직원 한 사람 한 사람이 늘 성장하고 노력해야 회사도 성장한다.

06 ● ● 커뮤니케이션을 통해 솔직하고 열린 관계를 만들자
(Build Open and Honest Relationships With Communication)
말을 잘하는 것만큼이나 잘 듣는 것이 중요하다.

07 ● ● 확고한 팀워크와 가족애를 갖자 (Build a Positive Team and Family Spirit)
우리는 회사 동료 그 이상이다. 우리는 가족이다.

08 ● ● 최소한의 것으로 최대한의 효과를 만들자 (Do More With Less)
모든 일에는 개선의 여지가 있다.

09 ● ● 열정적이고 단호하게 행동하자 (Be Passionate and Determined)
열정, 단호함, 인내심, 집요함은 발전의 원동력이다.

10 ● ● 늘 겸손하자 (Be Humble)
겸손하고, 자만하지 말며, 선한 마음으로 다른 사람에게 베풀어야 한다.

10가지 핵심가치 자세히 보기

10가지 핵심가치를 발표하며

회사가 성장함에 따라 자포스만의 핵심가치를 정확히 정의하는 일이 무척 중요해졌습니다. 여기에서 말하는 핵심가치란 우리의 문화, 브랜드, 그리고 경영전략입니다.

핵심가치는 새로운 직원이 점점 더 늘어난다 해도 회사가 나아가고자 하는 방향으로 일관되게 움직일 수 있도록 해줄 것입니다. 또한 직원들이 이 핵심가치를 잘 따르고 그것을 기준으로 일을 결정했는지를 통해 직원들의 역량을 평가하는 기준이 되어줄 것입니다.

우리 앞에는 많은 과제가 있고, 이 10가지 핵심가치가 우리의 생각과 행동에 완전히 스며들기까지는 많은 시간이 걸릴 것입니다. 하지만 동료, 고객, 협력업체, 그리고 비즈니스 파트너와의 관계에도 이 10가지 핵심가치가 반영되길 바랍니다.

회사가 성장함에 따라 프로세스나 전략은 바뀌겠지만, 핵심가치는 항상 똑같이 가져갈 생각입니다. 그리고 이 핵심가치는 모든 결정의 뼈대가 되어야 합니다.

이번에 처음으로 발표하는 핵심가치는 몇 년 뒤에 새로운 것을 더하거나 바꿔야 할 부분이 생길 수도 있겠지만, 궁극적으로 핵심가치 위에서 회사를 운영하고 키우는 것이 우리의 목표입니다.

이제부터는 모두들 어떻게 해야 핵심가치를 더 잘 반영할 수 있을지 스스로 질문하고 방법을 찾아주시기 바랍니다. 예를 들어, 직원 안내 책자도 다른 회사의 것과는 다르게 좀 더 자포스적인 것으로 바꾸어야겠지요. 또한 우리가 일하면서 매일 사용하는 형식과 툴도 자포스의 핵심가치를 반영한 것으로 개선해나가야 할 것입니다.

자포스가 핵심가치를 보다 분명하게 반영하는 조직이 되기 위해 직원 각자가 일주일에 한 가지씩 개선해주십시오. 각자 일주일에 한 가지씩 개선한다면, 회사 전체적으로는 1년에 5만 건 이상을 개선할 수 있습니다.

한 가지 한 가지의 개선은 작아도, 쌓이고 쌓이면 회사에 극적인 영향을 안겨줄 엄청난 개선이 될 것입니다.

■ 자포스의 비전

1. 언젠가는 상품 매매의 30%가 온라인으로 이루어질 것이다.
2. 사람들은 최고의 서비스와 제품을 제공하는 쇼핑몰에서 물건을 사게 될 것이다.
3. 자포스닷컴이 그 쇼핑몰이 될 것이다.

01 | 고객 감동 서비스를 실천하자
Deliver WOW Through Service

자포스는 고객을 감동시키는 모든 일을 가치 있게 생각한다.

"와우(WOW!)"라는 단어는 아주 단순하지만 많은 의미를 내포하고 있습니다. 이 감탄사를 이끌어내기 위해 우리는 더 독특하고 혁신적으로 변해야 합니다. 고객이 기대하는 것 이상의 서비스를 해야 하는 거지요.

어떤 일이든지 근본적으로는 사람의 감정과 연관되어 있습니다. 즉, 고객의 마음을 완전히 사로잡을 수 있는 서비스가 필요합니다. 자포스는 평범한 회사가 아니고, 우리의 서비스 역시 평범하지 않습니다. 우리는 평범한 직원을 원치 않으며, 모든 직원이 다른 사람에게서 "와우!"라는 감탄사를 이끌어내기를 기대합니다.

우리는 언어를 통해서 내·외부적인 고객과 파트너에게 "와우!"를 전달하게 됩니다. "와우!"에 대한 자포스의 철학은 서비스와 체험에 의한 것이지 직접적인 금전적 보상이 아닙니다. 이것이 자포스가 할인이나 프로모션을 하지 않는 이유입니다.

▪Ask yourself
- 일과 일상생활에서 누군가를 깜짝 놀랄 만큼 기쁘게 하려면 어떤 점을 고쳐야 할까?
- 오늘 나 때문에 한 사람이라도 "와우!"라는 기쁨의 탄성을 질렀는가?

02 | 변화를 수용하고 주도하자
Embrace and Drive Change

성장하는 회사는 항상 변화한다.

대기업에서 일하던 사람들은 끊임없이 변해야 한다는 것이 낯설게 느껴질 것입니다. 이런 변화에 준비되어 있지 않다면 자포스에 적응하기 힘들 수도 있습니다. 우리는 변화를 두려워하지 않을 뿐 아니라, 항상 변화를 꾀하고 새로운 것들을 받아들이라고 말합니다. 이러한 변화는 어느 부서에서든 일어날 수 있으며 대부분은 조직의 최전선에서 시작됩니다.

우리는 현 상황에 안주하거나 만족할 수 없습니다. 역사적으로 문제가 생긴 기업은 대부분 변화에 재빨리 대응하지 못한 것이 원인이었고, 우리는 그런 전철을 밟지 말아야 하기 때문입니다.

경쟁자들을 앞서 나가기 위해서는 끊임없이 변해야 합니다. 그들이 우리의 아이디어를 베낄 수는 있겠지만 우리 개개인, 문화, 그리고 서비스를 베낄 수는 없습니다. 또한 우리가 끊임없이 변화하는 한 그들이 우리만큼 빨리 따라올 수는 없을 것입니다.

■Ask yourself
- 나는 어떻게 변화할 것인가? 그것을 위해 어떤 준비를 하고 있는가?
- 나는 새로운 도전에 대해 긍정적인가? 변화를 적극적으로 주도하고 있는가?
- 맨 아래 조직으로부터의 변화를 어떻게 조장하고 주도할 수 있을까?
- 팀원들이 변화를 주도할 수 있도록 권한을 이양하고 있는가?

03 | 재미와 약간의 괴팍함을 추구하자
Create Fun and A Little Weirdness

자포스는 재미와 독특함을 장려한다.

자포스가 다른 기업과 차별화되는 점은 재미와 독특함을 존중한다는 것입니다. 우리는 수많은 대기업들처럼 지루한 분위기의 공동체를 만들고 싶지 않습니다.

때론 우리 자신을 비웃을 줄도 알아야 하며, 일에 있어서도 재미와 유머가 있어야 합니다.

이것은 우리가 하는 많은 일들이 조금은 독특하거나 이상하게 느껴질 수도 있다는 것을 의미합니다. 물론 미치거나 완전히 맛이 간 상태를 이야기하는 것은 아닙니다. 삶을 흥미롭게 하고 모두를 즐겁게 해주는 만큼의 독특함이 필요합니다.

자포스의 기업문화는 우리가 훌륭한 성과를 낼 수 있게 도와주고, 다양성과 개개인의 개성을 존중하고 포용합니다. 우리는 사람들이 일을 통해 자신의 개성을 표현하길 바랍니다.

밖에서 보기엔 이것이 모순되고 이상하게 여겨질 수도 있습니다. 하지만 우리는 직원들이 자기 자신을 드러낼 때 최고의 성과를 낼 수 있다고 믿으며, 일을 하면서 서로에게 개성을 표현하길 원합니다.

개성을 존중하면 사람들이 정해진 틀 밖에서 생각하고, 좀 더 혁신적인 생각을 할 수 있도록 도와주는 효과가 있습니다. 기이한 생각과 행동으로 인해 모두가 즐겁게 일할 수 있다면 회사와 직원 모두에게 도움이 됩니다. 직원들은 더욱 열중하게 되고, 자포스 전체는 좀 더 혁신적으로 바뀔 것입니다.

▪Ask yourself

• 다른 사람들보다 독특하고 개성 있는 존재가 되려면 어떻게 해야 할까?
• 재미있고 독특한 사람이 되기 위해 무엇을 할 수 있을까?
• 나는 얼마나 즐겁게 일하고 있는가? 더 즐겁게 일하려면 무엇을 해야 할까?
• 동료가 즐겁게 일할 수 있도록 무엇을 해줄 수 있나?

04 | 모험심과 창의성 그리고 열린 마음을 갖자
Be Adventurous, Creative, and Open-Minded

실수나 위험을 두려워하지 말고 항상 도전한다.

자포스에서는 용감하고 대담해지는 것이 회사와 개인을 위해 중요하다고 생각합니다. (물론 무모한 것은 예외입니다.) 우리 모두 실수를 두려워하지 말고 위험을 감수했으면 합니다. 실수하지 않는다는 것은 곧 위험을 감수하지 않는다는 의미입니다. 더불어 스스로 판단하여 회사 일을 결정할 수 있는 대범함이 필요하며, 제대로 된 결정을 할 수 있도록 연습해야 합니다. 실수로부터 무언가 배울 수만 있다면, 실수를 많이 하라고 권할 것입니다.

우리는 현실에 안주하고 지금껏 해온 방식이니까 따른다는 자세는 원치 않습니다. 항상 모험과 가능성을 탐구하는 활동을 즐겨야 합니다.

우리만의 새로운 해결책을 찾고, 우리의 길을 스스로 만들어가야 합니다. 모든 가능성을 열어두고 지금의 상황과 문제점에 접근해야 합니다.

때론 넘치는 모험심과 창의력 때문에 남들이 가지 않은 길을 가겠지만, 그로 인해 우리는 더욱 성장하고 경쟁자들을 앞서 나갈 것입니다.

■Ask yourself
- 위험을 감수할 자신이 있는가? 실수할까 두려워하고 있지는 않은가?
- 현실이 주는 안락함에 머물지 않기 위해 끊임없이 자신을 밀어내고 있나?
- 모험과 창의력을 갖고 일하고 있는가?
- 자포스에 기여할 수 있는 창의적인 일은 무엇인가? 열린 마음으로 일과 문제에 접근하고 있는가?

05 | 배움과 성장을 추구하자
Pursue Growth and Learning

직원 한 사람 한 사람이 늘 성장하고 노력해야 회사도 성장한다.

자포스는 직원들이 일과 삶에서 성장하는 것을 중요하게 여깁니다. 우리는 자포스 직원들이 스스로 생각하는 것보다 훨씬 더 많은 가능성을 갖고 있다고 믿습니다.

우리의 목표는 그들의 가능성을 열어주는 것입니다. 하지만 반드시 서로 노력해야만 합니다. 즉, 스스로 원해야만 합니다.

자포스에서 몇 개월 일해보면 한 가지는 확실히 느낄 것입니다. 자포스는 성장하고 있습니다. 우리가 성장하는 이유는 새로운 도전을 받아들일 줄 알기 때문이며, 앞으로 성장하면 할수록 더 많은 도전을 만나게 될 것입니다.

이것은 끝없이 이어지는 순환 사이클이고, 긍정적인 일입니다. 기업이 살아남을 수 있는 유일한 길이기도 하지요. 하지만 동시에 위험하고, 스트레스로 가득하고, 혼란스러운 일이기도 합니다.

때론 문제를 처리하자마자 또 다른 문제가 터지기도 합니다. 하지만 이건 우리가 성장하고 있다는 증거이자 더욱 강해진다는 의미이기도 하지요. 우리에게 문제는 하나의 지표일 뿐입니다.

누구든 우리와 경쟁하고 싶다면 이 점을 배워야 합니다. 그 지표를 뛰어넘을 때마다 우리는 나아지게 됩니다. 우리가 얼마만큼 나아지던 간에 우리 앞에는 넘기 힘든 문제들, 해야만 하는 일들, 좀 더 잘해야 하는 일들이 끊임없이 이어질 것입니다.

부정적으로 들릴 수도 있지만, 결코 그렇지 않습니다. '더 잘해야만 하는 일' 들에 최선을 다하고, 변화되었다고 느낄 때까지 계속 해야 합니다. 이것이 성장 사이클이고, 당신이 즐기건 아니건 이 순환 사이클은 멈추지 않습니다.

여기에 적응하는 것은 어려운 일입니다. 하지만 힘들게 도전하지 않으면 회사는 사라지게 될 것입니다. 우리가 경쟁자들보다 앞서 나가는 오직 한 가지 이유는 그들보다 열심히 하고, 더 잘하기 때문입니다. 만일 우리가 안주하면 경쟁자는 밀물처럼 밀려올 것입니다.

때론 우리가 무얼 하고 있는지 우리도 모릅니다. 이건 사실입니다! 우리도 모릅니다. 약간 무섭지만 다른 사람들도 우리가 무얼 하는지 아무도 모른다고 생각하면 좀 편안해집니다.

물론 사람들이 우리가 이전에 했던 일들을 흉내 낼 수는 있겠지만, 우리가 실질적으로 자포스를 통해 배운 것은 남들이 알 수 없는 아주 세부적인 사항들이었습니다. 그리고 그것이 우리를 남다른 성공으로 이끌었습니다.

따라서 우리가 하는 일에 전문가는 없습니다. 우리 외에는! 우리는 우리가 하는 일에 있어 유일한 전문가가 되고 있습니다.
그리고 끊임없이 배우고, 새로운 것을 받아들이고, 다른 방법을 찾음으로써 전문성을 더욱 끌어올리고 있습니다. 이것이 곧 회사와 우리 자신을 키우는 방법입니다.

06 | 커뮤니케이션을 통해 솔직하고 열린 관계를 만들자
Build Open and Honest Relationships With Communication

말을 잘하는 것만큼이나 잘 듣는 것이 중요하다.

우리는 서로 신뢰하는 관계를 위해 솔직함과 정직함이 필요하다고 생각합니다. 모든 부분, 즉 매니저와 부하 직원, 고객과 협력업체, 팀 멤버와 동료 간에 돈독한 관계를 맺는 것은 무척 가치 있는 일입니다.

돈독한 관계는 주로 감정적인 관계가 발전해서 생기는 것입니다. 이런 관계를 만들기 위해서는 진실되게 행동해야 합니다.
가장 어려운 점은 신뢰를 쌓는 것입니다. 하지만 신뢰가 있다면 그 이상의 것도 얻을 수 있습니다.

어떤 관계에서든 잘 이야기하는 것만큼이나 잘 듣는 것이 중요합니다. 그러기 위해서는 열린 마음과 솔직함이 필요합니다.
사람들이 오래 기억하는 것은 당신이 한 말이나 행동이 아니라, 그들이 당신에게 받은 느낌입니다. 개인적으로든 일에 있어서든, 누군가를 기분 좋게 만들었다면 그 사람은 당신이 진심으로 자신에게 관심을 가져주었다는 것을 알게 될 것입니다.

자포스는 다양한 생각과 의견을 수용합니다. 당신이 폭넓고 다양하게 관계를 맺을 때 회사에 도움을 줄 수 있고, 더 가치 있는 사람으로 존중받게 될 것입니다. 그리고 그런 관계를 만들기 위해서는 개방적이고 솔직한 대화가 중요합니다.

회사가 성장함에 따라 커뮤니케이션이 점점 더 중요해지고 있습니다. 우리 모두는 우리가 만들어갈 큰 그림 안에서 어떻게 팀끼리 연결되어 있는지 이해하고 있어야 합니다. 우리 모두가 효과적인 커뮤니케이션을 위해 더욱 노력하길 바랍니다.

■ Ask yourself

• 다른 사람들은 나와 일하는 걸 좋아하는가? 그들과 더 나은 관계를 만들려면 어떻게 해야 할까?

• 매일 함께 일하는 사람으로서, 직장 동료와 그 이상의 관계를 만들려면 어떻게 해야 할까?

• 어떻게 사람들을 감동시킬 것인가?

• 어떻게 하면 좀 더 솔직한 관계, 열린 관계를 만들 수 있을까?

• 어떻게 해야 모두와 더 잘 소통하고 일을 더 잘할 수 있을까?

07 | 확고한 팀워크와 가족애를 갖자
Build a Positive Team and Family Spirit

우리는 회사 동료 그 이상이다. 우리는 가족이다.

자포스는 우리의 문화를 소중하게 생각합니다. 우리는 팀이자 가족이기 때문입니다. 우리는 친밀하고 따뜻하고 흥미진진한 환경을 만들고자 합니다. 그리고 다양한 아이디어와 의견, 다른 관점을 존중합니다.

좋은 리더는 본보기가 되어 팀을 이끕니다. 그들은 또한 좋은 팀원인 동시에 좋은 팀 리더가 되어야 합니다. 좋은 아이디어와 결정은 대부분 아래에서부터 나옵니다. 따라서 매니저는 팀원들이 좋은 아이디어를 낼 수 있도록 장애물을 치워주어야 합니다.

즉, 최고의 리더는 하인과도 같은 리더입니다. 그들은 자신이 이끄는 사람들을 떠받들어야 합니다.

좋은 팀원은 문제를 알아챘을 때 가장 먼저 행동하여 팀과 자포스를 성공으로 이끕니다. 또한 문제에 책임감을 갖고, 언제든지 다른 멤버와 협력합니다.

좋은 팀원은 다른 이에게 긍정적인 영향을 끼치며, 모든 냉소주의와 부정적인 행동을 없애기 위해 고군분투합니다. 또한 그들은 홀로 집중하는 대신 다른 사람들과 조화를 이룹니다.

최고의 팀워크를 위해서는 사무실에서 일만 하는 것이 아니라 사무실 밖에서도 친분을 쌓아야 합니다. 사무실 밖의 비공식적인 만남에서 좋은 아이디어가 많이 나옵니다. 예를 들어, 우리가 만드는 기업문화 안내서 역시 사무실 밖에서의 토론을 통해 시작되었습니다.

우리는 단순한 팀이 아닌, 가족이 되기를 바랍니다. 우리는 서로를 믿고 보살피고 도와주는, 아주 친밀한 관계가 되길 원합니다. 이를 위해 같이 일하고 같이 놀아야 합니다. 우리는 다른 회사에서 찾을 수 있는 전형적인 '동료' 이상의 관계를 넘어서야 합니다.

■Ask yourself
• 어떻게 해야 팀워크를 좋게 만들 수 있을까? 어떻게 사람들이 문제에 먼저 뛰어들게 만들 수 있을까?
• 사람들에게 경영자적 마인드를 갖게 하려면 어떻게 해야 할까?
• 한 가족이라는 걸 느끼게 하려면 팀원들과 무엇을 함께해야 할까? 사무실 안과 밖에서 무엇을 할 수 있을까? 가족이라는 느낌을 자포스 전체에 스며들게 하려면 어떻게 해야 할까?
• 나는 긍정적인 팀원인가?

08 | 최소한의 것으로 최대한의 효과를 만들자
Do More With Less

모든 일에는 개선의 여지가 있다.

자포스는 최소한의 것으로 최대의 효과를 얻기 위해 노력해왔습니다. 우리는 최선을 다하고 더 많이 노력하면 무슨 일이든 해낼 수 있다고 믿습니다.

우리는 효율적인 경영이 탁월하다는 것을 믿습니다. 그리고 언제나 개선의 여지가 있다는 것을 깨달았습니다. 즉, 우리가 하는 일에는 결코 끝이 없습니다.

우리는 경쟁자보다 앞서 나가기 위해 끊임없이 변화해야 합니다. 또한 정기적으로 작업 방식을 개선해야 합니다. 더 효율적인 방법을 찾기 위해 분투해야 합니다.

그 과정에서 실수가 생긴다면 그 또한 우리에게 많은 배움을 주는 또 다른 기회라고 생각합니다.

우리는 개선이 꼭 필요하다는 것을 잊어선 안 됩니다. 우리는 그저 좋은 정도에 만족할 수 없습니다. 만족하는 마음은 더 위대한 것을 향해 나아가는 것을 방해하는 적이기 때문입니다.

우리의 목표는 '위대한 기업'의 가족이 아니라 '세계에서 가장 위대한 서비스 기업'의 가족입니다.

우리는 높은 목표를 설정하고 이를 넘어서야 하며, 경쟁자와의 격차를 벌려나가야 합니다.

■ Ask yourself
- 더 효율적으로 일하려면 어떻게 해야 할까?
- 부서를 더 효율적으로 만들기 위해 할 수 있는 일은 무엇일까?
- 자포스 전체가 더 효율적인 기업이 되려면 어떻게 해야 할까?
- 자포스가 더 효율적인 기업이 되는 일에 나는 어떤 도움을 줄 것인가?

09 | 열정적이고 단호하게 행동하자
Be Passionate and Determined

열정, 단호함, 인내심, 집요함은 발전의 원동력이다.

열정이 없다면 우리 자신은 물론 회사도 앞으로 나아갈 수가 없습니다. 따라서 우리는 열정, 단호함, 인내심, 집요함을 중요하게 생각합니다.

우리는 우리가 하는 일과 나아가야 하는 바를 믿기에 힘을 얻습니다. "아니오." "그건 절대 안 돼."라는 대답은 받아들일 수 없습니다. 그렇게 되면 자포스는 절대 새로운 곳으로 나아갈 수 없기 때문입니다.

열정과 단호함은 전염됩니다. 우리는 모든 일에 긍정적이고 낙관적인 (하지만 현실적인) 태도를 가지며, 이것이 다른 사람들에게 긍정적인 영향을 준다는 것을 깨달았습니다.

나와 함께 일하는 사람들이 큰 꿈과 비전을 갖고 있으며, 그것이 다른 사람들에게도 엄청난 영향을 끼친다는 건 매우 즐거운 일입니다.

■Ask yourself
- 나는 자포스에 열광하는가?
- 나는 나의 일에 열광적인가?
- 내가 하는 일과 함께 일하는 사람들을 사랑하는가? 그들에게 영감을 받고 있는가?
- 우리가 하는 일과 우리가 나아가야 할 방향을 믿는가?
- 여기가 내가 있을 곳인가?

10 | 늘 겸손하자
Be Humble

겸손하고, 자만하지 말며, 선한 마음으로 다른 사람에게 베풀어야 한다.

빠르게 성장하는 동안 우리는 항상 새롭게 나타나는 문제들과 싸워야 했습니다. 따라서 무슨 일이 생기든 우리는 다른 사람들을 존중해야만 합니다.

개인이나 팀의 성공을 축하할 때도 자만하거나 우리가 원하지 않는 방식으로 다른 사람을 대하면 안 됩니다. 대신 조용한 자신감을 가져야 합니다.

장기적으로는 그것이 우리의 인격을 말해줄 것이기 때문입니다.

■Ask yourself
- 나는 내가 성취한 것에 대해 겸손한 태도를 갖고 있는가?
- 나는 자포스가 성취한 일을 겸손하게 말하는가?
- 큰 협력업체와 작은 협력업체 모두를 똑같이 존중하는가?

_Zappos.com, Inc.의 The Zappos Family Core Values에서 인용.

자포스에서는 회사의 방침을 결정할 때나 매일매일 각각의 직원이 의사 결정을 해야 할 때도 이 10가지 핵심가치를 기반으로 한다. 그뿐 아니라 채용, 트레이닝, 업무평가, 상여, 이벤트, 사무실 환경 등 자포스의 모든 일의 기준이 되는 것 또한 이 10가지 핵심가치이다.

핵심가치는 중요한 상황에만 적용되는 것이 아니다. 점심을 먹거나 사적인 대화를 나눌 때, 차를 타고 이동할 때와 같이 어떤 상황에서나 적용된다. 자포스의 핵심가치는 물이나 공기처럼 시공을 초월해 언제 어디서나 존재하기 때문이다. 자포스 홈페이지의 첫 화면과 전체 화면들, 사무실 내 게시판, 회사 경영진이 실시하는 프레젠테이션, 잡지 등에 게재된 광고에조차 등장한다.

핵심가치는 회사의 정신이자 문화

창업 7년째인 2005년 초, CEO 토니 셰이는 이제 자포스의 문화를 정식으로 만들어야 할 시간이 왔다고 생각했다.

토니는 가장 먼저 매니저급의 직원들에게 이메일을 보냈다.

"이제 자포스의 문화를 일목요연하게 성문화(成文化)할 시점에 이르렀습니다. 이와 관련된 모두의 아이디어를 모으고 싶습니다."

자포스의 문화가 무엇인지를 정의하고 그것을 성문화(成文化)하는 것은 곧, 자포스의 '정신'을 명확히 하는 것이고, 자포니언의 행동규범이 되는 가치 기준을 정하는 것이었다. 자포스의 직원 수가 약 90명에 달하던 때의 일이다.

회사의 정신과 문화에 대해 정식으로 정의를 내려야겠다는 토니의 결심은 그 자신의 괴로운 경험에서 비롯된 것이었다.

토니는 말과 행동이 부드럽고, 겸손한 인품을 가진 사람이다. 이런 첫인상으로는 상상하기 어렵지만, 사실 그는 미국 온라인 비즈니스계의 천재 소년으로 알려져 있다.

토니는 하버드대학교에서 컴퓨터 공학을 공부했다. 졸업 후, 그는 대학 친구와 함께 '링크익스체인지'라는 온라인 회사를 설립했다. 1996년 3월의 일이었다. 당시는 배너 광고가 꽤 괜찮은 대접을 받던 시기였다. 토니의 회사가 선보인 배너 광고는 여타의 다른 회사 배너 광고와 많은 면에서 차별화되었다. 이에 사람들은 열광했고, 거의 2년도 안 되어 사원 100명 규모로 성장한 회사가 되었다.

그리고 1998년 11월, 토니는 링크익스체인지를 마이크로소프트에 매각했다. 매수 금액은 약 2억 6,500만 달러(약 3,000억 원). 남들이 봤을 때는 꿈같은 성공담이다. 하지만 토니는 이때의 일을 쓰디쓴 교훈으로 여러 번 회상한다.

"직원이 100명 정도가 될 만큼 회사가 성장했을 때, 나는 이미 그곳이 즐겁지 않다는 것을 알았습니다. 내가 만든 회사에 가기가 싫다니, 정말 이상한 기분이었습니다."

그렇다면 토니가 회사에 가는 것이 싫고 즐겁지 않았던 이유는 무엇일까? 창립 초기의 즐거움과 열정, 에너지가 어느 순간 회사 내에서 사라져버렸기 때문이다.

"설립 초기 직원이 10명도 안 되던 시절에는 매일 회사에 가는 것이 즐거워 어쩔 줄을 몰랐어요. 퇴근도 없이 24시간 일하다가 책상 밑에 들어가 몸을 웅크리고 자고, 요일도 모르는 채 일에 매진했지요. 직원들이 모두 그랬습니다."

그때 토니는 기업문화에 대해 생각해본 적이 없었다.

"링크익스체인지가 아주 빠르게 성장하던 시기에 우리는 능력과 경력만 보고 직원을 채용했습니다. 그러는 사이 회사의 문화가 점점 엷어지고 있다는 것을 눈치채지 못했지요."

이때의 경험이 토니의 머릿속에 기업문화라는 단어를 새겨놓았다. 그래서 설립한 지 얼마 안 된 자포스의 경영에 참여할 때부터 그는 기업문화를 생각하고 있었다.

자포스의 직원이 약 100명으로 늘어나자 매월 취업정보 회사들이 엄청난 수의 인재 리스트를 보내오기 시작했다. 그즈음 토니는 "지금 하지 않으면 언제 기업문화를 만들지?"라는 절박함을 느끼기 시작했다.

추상적인 문화를 구체화하기까지

모든 회사에는 문화가 존재한다. 그것은 자연 발생적으로 생기기도 하고 의도적으로 만들기도 한다. 좋은 문화가 있는 반면, 나쁜 문화도 있다. 사람이 모여서 생활하게 되면 저절로 만들어지는 것이 문화지만, 내버려둔다고 해서 회사에 이로운 문화가 자연적으로 생기는 것은 아니다. 다른 곳에서는 좋은 문화였다고 해도, 토양이 다른 곳에 무리하게 심으면 더 해로운 것이 될 수도 있다. 문화에는 그런 패러독스가 존재한다.

기업문화를 만들고 키워 나간다는 것은, 창업 초기의 포부와 초심 위에 '앞으로 어떤 회사로 남고 싶은가.'라는 꿈과 가치관을 심는 것이다. 그렇게 해서 회사가 장기적으로 성장해나가는 밑거름이 되어주어야 하는 것이다.

따라서 기업문화를 만들기 이전에 우선 지금 있는 문화의 실체를 알아야 한다. 자포스에서는 그것을 알기 위해 어떻게 했을까? 자포스의 트레이닝 매니저 레이첼 브라운은 핵심가치를 정의해보자는 토니의 말에 매니저급 직원이 어떻게 움직였는지를 지금까지도 잘 기억하고 있다.

"우선 '자포스 같은 사람'이란 어떤 사람인가에 대해 논의하기 시작했어요. 당시 자포스에서 일하고 있던 직원 중에서 가장 '자포스적인 사람'이 누구인지를 찾아보자는 것이었지요."

다른 직원들에게 본보기가 되는 직원들을 추천받아서 이름을 게시판에 올린 후, 왜 '자포스적인 사람'이라고 생각하는지 되물었다. 예를 들어 '레이첼은 밝고 사교적이다.' '토니는 소탈하고 으스

대지 않는다.' 하는 식으로 개인적인 특성을 구별했다. 이런 방법으로 추천된 이들의 특성 중에서 '자포스적인 것'의 공통 항목을 뽑았고, 그것에 근거하여 직원 모두가 행동의 척도로 삼을 수 있는 '몇 개의 가치관'을 만들기로 했다.

대략 반년에 걸친 '탐구'의 결과, 토니는 '핵심가치'의 원안을 정리해 또다시 매니저들에게 이메일을 보냈다. 2005년 10월의 일이었다.

그리고 2개월 후, 이번에는 사원 전원에게 의견을 묻기 위한 메일을 보냈다. 이때 보낸 리스트는 3가지 카테고리에 37개의 항목을 정리한 장대한 것이었다. 이 항목에 대해 직원들의 의견을 듣고 그것을 참고하여 추리는 데 다시 2개월이 걸렸다고 한다.

이렇게 해서 2006년 2월에 '자포스의 10가지 핵심가치'가 성문화되어 발표되었다. 발의에서 성문화까지 대략 1년이 걸렸고, 소수의 몇몇 부서만 참여한 것이 아니라, 직원 전체가 함께 고민하고 참여한 대대적인 프로젝트였다.

성장기에 있는 기업이 시스템의 확충이나 인원 확대, 마케팅 활동의 활성화 등 눈앞의 일에 쫓기는 것이 아니라, 문화의 기반을 만드는 데 1년을 투자한 것이다. 이처럼 문화에 대한 확고한 자세가 자포스라는 회사를 지속적인 성장으로 이끌고 있는 것이다.

핵심가치에 맞는 조직 꾸리기

10가지 핵심가치가 확정되자 그에 따라서 자포스 내의 여러 가지가 조직화되기 시작했다.

우선, 소속이나 직책과 상관없이 모든 직원이 핵심가치에 대한 트레이닝을 받기로 했다. 이것은 의무사항이 되었다. 핵심가치를 통해 자포스의 존재 의의는 서비스라는 것, 그리고 자포니언 본연의 모습은 어떠해야 한다는 것을 정했기 때문에, 직원 모두가 그것을 이해하고 자기 것으로 받아들일 필요가 있었다. 이 트레이닝에는 CEO 토니 셰이도 직원들과 함께 참가했다.

이때부터 자포스는 전 직원을 대상으로 하는 전체 4주간의 '신입사원 트레이닝 프로그램'을 개발하기 시작했다. 또 인재 알선회사를 통해 확보하던 직원 채용 방식을 100% 자사에서 진행하는 것으로 바꾸고, 체계적인 방식의 자포스 채용 제도에 대해 모색했다.

자포스가 10가지 핵심가치를 어떻게 회사 운영에 반영하고 있는지 단적으로 보여주는 것이 바로 인사에 대한 대처 방식이다. 자포스에서는 채용, 업무평가, 심지어 해고까지도 핵심가치를 기반으로 판단한다. 즉, 핵심가치를 자기 것으로 받아들이고 실천하는 태도를 중요하게 생각하는 것이다. 단순히 경력과 능력이 있거나 '일을 잘한다.'는 것만으로는 안 된다. 판단 비중의 50%를 핵심가치에 근거한 평가에 두고 있기 때문이다.

자포스에도 다른 기업과 마찬가지로 '업무평가표'가 있다. 전체

11페이지로 구성된 이 업무평가표 중 5페이지가 '핵심가치 평가'로 채워져 있다. 각 핵심가치에 따라서 취해야 할 행동의 정의가 일목요연하게 나열되어 있는데, 여기에는 각 항목별로 5단계의 평가를 할 수 있게 되어 있다. 노력이 필요하다는 평가가 나온 직원에게는 일단 권고를 하고, 일정 기간 내에 개선되지 않으면 해고하는 사례도 있었다고 한다. 자포스에서는 핵심가치를 그 정도로 진지하게 받아들이고 있는 것이다.

핵심가치에 생명을 불어넣다

하지만 자포스의 핵심가치가 무조건적인 것은 아니다. 오히려 직원 전체가 핵심가치에 적극 동의하고 그것을 자랑스럽게 여길 뿐 아니라, 적극적으로 실천하고 있다.

자포니언에게 있어서 핵심가치는 즐기는 것이기도 하다. 사내 곳곳에는 핵심가치가 적힌 색색의 현수막과 포스터가 붙어 있다. 이것들은 모두 직원들이 자발적으로 그리고 만든 것들이다. '나야말로 자포스적인 사람이다.' 또는 '나야말로 자포스적인 사람이 되어야 한다.'는 생각을 가진 직원이 마커와 붓을 쥐고 어느 순간 그려낸 것들이다.

자포스 인사팀에서는 핵심가치가 인쇄된 메모지, 라이터, 레고 등의 상품을 1개당 1달러에 판매한다. 10개의 핵심가치 중 어떤 것

하나라도 칭찬받아 마땅한 행동을 한 사람이 있으면, 다른 직원들이 그 상품을 사서 칭찬받을 일을 한 동료에게 선물한다. 이것은 어느 순간 자포니언들이 즐기는 유쾌한 습관이 되어버렸다.

핵심가치가 무엇보다 중요한 자포스에서는 '핵심가치'를 테마로 사내에서 퍼레이드를 하기도 한다. 물론, 이것 역시 직원들이 자발적으로 여는 행사다.

또 컨택센터에서는 '이번 달의 핵심가치' 등 각 팀에서 중점을 두고 싶은 핵심가치를 선택한 뒤, 고객을 대할 때 그것을 얼마나 실천하고 있는지 날마다 토의하고 성과를 기록한다.

고객을 대하다 보면, 어떤 결정을 내리는 것이 가장 좋은지 판단하기 어려울 때가 많다. 이때 직원들은 가장 먼저 스스로에게 묻는다. 과연 이 행동이 고객에게 감동을 주고 "와우!"라는 감탄을 이끌어낼 만한지를, 그리고 핵심가치와 일치하는지를 말이다.

컨택센터뿐 아니라 자포스 직원 모두는 거의 뭐든 마음껏 해도 되는 권한을 갖고 있다. 이 사람을 평생고객으로 만들 것인가 아니면 잃을 것인가를 판단하는 갈림길에 섰을 때, 가장 좋은 판단을 내리기 위해서는 핵심가치에 근거한 실천 규범이 필요하다. 또한 이 규범들은 직원들의 몸에 배어 있어야 한다. 그래서 자포스의 핵심가치에 생명을 불어넣는 일은 온전히 직원의 몫인 것이다.

신입사원 전원에게 배포되는 '핵심가치 문서'의 첫머리에는 다음과 같은 글이 쓰여 있다.

자포스가 핵심가치를 보다 분명하게 반영하는 조직이 되기 위해 직원 각자가 일주일에 한 가지씩 개선해주십시오. 각자 일주일에 한 가지씩 개선한다면, 회사 전체적으로는 1년에 5만 건 이상을 개선할 수 있습니다.

한 가지 한 가지의 개선은 작아도, 쌓이고 쌓이면 회사에 극적인 영향을 안겨줄 엄청난 개선이 될 것입니다.

자포스의 핵심가치는 경영진이 직원에게 전달하는 '공문'이 아니다. 직원들 스스로 자기 것으로 만들어나가는 것이다. 그것이 자포스 핵심가치의 '핵심'이고 이 점이 다른 회사의 사훈이나 경영이념과 크게 다른 점이다. '핵심가치가 살아 숨 쉬는' 회사를 만들어야 직원 개개인의 개성과 감성, 그리고 창의력을 이끌어낼 수 있다는 사실을 자포스가 보여주고 있는 것이다.

기업에 꼭 맞는 인재 찾기

기업문화 육성의 스타트 지점이 되는 것은 '채용'이다. 《좋은 기업을 넘어 위대한 기업으로(원제; Good To Great)》의 저자 짐 콜린스(Jim Collins)도 채용의 중요성을 강조했다. 콜린스는 '채용은 버스에 적절한 인재를 태우는 것과 같은 일'이라며, 버스를 운전하는 사람이 운전에 미숙하다면 어떤 불상사가 벌어질지 신중하게 생각해야 한다고 말한다.

이것과 마찬가지로 견고한 기업문화를 만들기 위해 직원을 채용할 때는 우선, 그 조직의 문화에 합당한 사람을 선발하는 것이 무엇보다 중요하다. 반대로 말하면, 인사팀의 역할은 '기업문화에 맞지 않는 사람을 정확히 가려내고, 효율적으로 배제하는 것'이라고 말할 수 있다. 즉 인사팀은 기업의 문화를 육성하고 그 문화가 유지 발전되도록 하는 중요한 임무를 가진 조직으로서, 게이트키퍼와 같은 기능을 한다.

앞서 말한 것처럼, 인터넷이 보편화되면서 개인의 파워도 더욱 강력해졌다. 기업도 마찬가지다. 직원의 개성을 인정하고 그 힘을 발휘하게 만드는 것이, 기업이 독자성을 확립하는 데 중요한 열쇠가 되었다.

첫인상부터 어딘가 다른 회사

채용 과정의 첫 단추는 인재를 모집한다는 것을 알리는 일이다.

대부분의 회사는 이때 신문이나 인터넷 사이트 등에 구인광고를 내거나 회사 설명회를 개최하는 방법을 쓴다. 획일적이고 개성이라곤 찾아볼 수 없는, 단조로운 방식이다.

하지만 기업문화를 중요하게 생각하는 기업은 인재 모집 활동을 할 때 애인을 구하는 프러포즈와 비슷한 방법을 구사한다. 이때 애인을 구할 확률이 높은, 아주 효과적인 프로필을 쓰는 법은 다음과 같다.

첫째, 보통 · 평균 · 평범은 안 된다. 개성을 맘껏 발휘해야 한다.

둘째, 내가 원하는 상대의 조건을 확실하게 쓰는 것이 좋다. 이 룰은 견고한 기업문화의 육성을 목표로 하는 기업이 인재 모집 과정이나 툴(Tool)을 만들 때 반드시 고려해야 할 사항이다.

채용 과정에서 구직자와 처음 대면하는 그 순간부터 구직자가

'회사의 개성'을 직감적으로 느낄 수 있어야 한다. 그리고 이 회사는 어떤 인재를 구하고 있는지를 명확하게 알 수 있게 해야 한다. 따라서 구인광고든, 회사 설명회든, 채용 신청서든 그 회사의 문화가 강렬히 표현되도록 해야 한다. 구직자가 한눈에 본 것만으로도 '이 회사는 강하다.'라고 느껴 '나와는 안 맞아.' 또는 '무슨 수를 쓰더라도 이 회사에서 일하고 싶다.'라는 강한 감정을 느끼게 할 수 있는 프로세스나 형식, 툴이 바람직하다.

자포스의 회사 설명회는 꽤 별나고 거칠다. 자포스에서는 회사 설명회를 문화 적성을 측정하는 하나의 '리트머스 검사'라고 생각하고 있다. 강렬한 문화를 명확히 내세워, 구직자 스스로가 '나는 이 회사에 적합한가, 아닌가?'를 자문자답할 수 있도록 말이다.

자포스의 회사 설명회는 주로 컨택센터 직원 후보를 대상으로 라스베이거스 교외나 핸더슨 시에 있는 자포스 본사에서 몇 시간에 걸쳐 진행된다. 이 설명회에는 매회 평균 200명 정도의 구직자들이 몰려든다.

구직자들은 가장 먼저 약 45분간 자포스 본사를 견학한다. 자포스의 사내 가이드와 헬프데스크 팀의 견학 가이드가 큰 깃발을 들고 구직자들을 안내하며 돌아다닌다. 그러면 직원들이 각자의 개성을 살려 꾸며놓은 자포스의 사무실이 떠들썩해진다. 구직자들이 지나갈 때마다 휘파람을 불거나 사진을 찍는 등 부서마다 독창적인 방법으로 이들에게 환영의 뜻을 전하기 때문이다.

나도 경험한 일이지만, 처음 자포스 본사를 방문하면 기존의 상식을 뛰어넘는 그들만의 독특한 문화에 충격을 받게 된다. 더구나 구직을 위해 견학 온 사람들은 몹시 긴장한 상태로 회사를 방문했다가 깜짝 놀라게 된다. 그런 환경에서 대부분의 사람들은 묘한 생각과 감정에 빠지든지, 거부감을 가질 수도 있다. 게다가 설명회를 시작하자마자 "자포스는 누구나 쉽게 적응할 수 있는 그런 환경은 아닙니다."라는 메시지를 던짐으로써 자포스가 추구하는 문화와 가치에 맞는 인재란 어떤 조건을 갖춰야 하는지 구직자들이 체감할 수 있도록 한다.

유별나지만 재미있는 인터뷰

설명회 프로그램 중에는 '스피드 인터뷰'라는 것이 있다. 이는 맞선 파티의 '스피드 데이트'를 보고 토니가 생각해낸 아이디어다.

'스피드 데이트'는 90년대 후반에 베벌리힐스에서 생겨난 맞선 형식으로, 한 장소에서 여러 명의 이성과 몇 분간 짧은 데이트를 하는 것이다. 한 사람과 대화할 수 있는 시간이 정해져 있어서 이 시간이 지나면 옆자리로 옮겨 새로운 상대와 대화를 한다. 그렇게 돌아가며 여러 명을 만나본 뒤 각자 마음에 드는 이성의 이름을 적어내고, 서로의 이름을 적어낸 이성을 연결해주는 방식이다.

자포스의 '스피드 인터뷰'에서는 구직자 5명과 면접관 5명이 한 팀이 된다. 한 면접관이 한 구직자와 대화할 수 있는 시간은 5분이다. 각 면접관은 구직자에게 5개의 질문을 던진다. 따라서 질문 하나에 답할 시간도 단 1분인 셈이다. 5분이 지나면 자리를 옮겨 다른 면접관이 던지는 5개의 질문에 5분 동안 또 대답한다.

이렇게 총 5명의 면접관이 돌아가면서 구직자 한 사람당 25개의 질문을 던지고, 구직자는 이 질문에 대답을 해야 한다. 질문 하나에 1분이라는 시간밖에 주어지지 않기 때문에 너무 깊은 답을 기대할 수는 없다.

그래서 면접관의 '직감'과 '첫인상'이 무엇보다 중요하다. 또 질문을 받는 구직자 입장에서 보면, 짧은 시간에 대답을 해야 하기 때문에 논리정연한 말을 준비하거나, 어떤 계획을 세울 마음의 여유가 없다. 즉, 구직자가 평소에 갖고 있던 생각과 가치관 등이 여과 없이 드러나게 되는 면접 방식인 셈이다.

자포스의 '스피드 인터뷰'의 핵심은 별나지만 즐겁다는 점이다. 이는 자포스 문화의 핵심이기도 하다. 아주 짧은 시간에 질문을 받고 대답하는 것을 '개인의 문화와 가치관을 표현할 수 있는 찬스'라고 생각한다면, 그것이 유별나고 튀더라도 어쨌든 시도해보는 것이다. 자포스가 아니라면 어느 기업에서 이런 모험을 해볼 수 있겠는가.

개성 만점인 채용 신청서

자포스는 채용 신청서도 특별나다. '우리는 평범한 보통 회사가 아닙니다.'라는 메시지를 전하기 위해 채용 신청서도 효과적으로 활용하는 것이다.

자포스의 채용 신청서는 전체 5페이지로 되어 있다. 반으로 접힌 폴더에 끼워 배포되는 이 채용 신청서는 폴더의 겉표지가 십자말풀이(크로스워드 퍼즐) 게임으로 되어 있고, 안쪽의 표지는 미로 찾기 게임으로 되어 있다. 미로 찾기 게임 옆에는 여러 가지 신발 사진과 그 신발의 이름을 선으로 연결하는 퀴즈도 있다. 대부분의 미국 패밀리레스토랑은 어린이 손님을 위해 그림 색칠하기와 미로 찾기 게임이 인쇄된 메뉴판을 준비해놓는다. 자포스의 채용 신청서가 바로 이 메뉴판과 비슷한 인상을 준다.

자포스가 이런 채용 신청서를 만든 이유는 바로 10가지 핵심가치 중 하나인 '재미와 약간의 괴팍함을 추구하자.'에 대한 구직자의 자세를 측정하기 위해서다. 물론, 십자말풀이의 빈칸을 다 채우지 않았다고 해서 채용시험에 떨어지는 것은 아니다.

"새파랗게 질린 얼굴로 '이 문제는 풀리지 않아요.'라고 항의하는 구직자도 있습니다. 게임은 평가 대상이 아닌데, 진지하게 받아들였던 것이지요."

인재 채용 매니저의 설명이다.

사실 신발 사진과 이름을 선으로 연결하는 퀴즈는 보통 사람에게는 꽤 어렵다. 나도 해보았지만, 7개 중 2개 정도밖에 못 맞혔다. 일단 채용 신청서에 퍼즐이나 게임이 있으니 풀어야 한다고 진지하게 받아들이는 것도, 다 풀지 못해 긴장하는 것도 무리는 아니라고 본다.

게임과 퀴즈가 있는 표지를 넘기면 구직자의 성과 이름, 주소, 경력 등을 쓰는 란이 나온다. 다른 기업의 채용 신청서에서도 볼 수 있는 일반적인 형식이다. 하지만 그 항목들 사이에는 자포스의 핵심가치와 관련된 몇 개의 질문이 섞여 있다. 5페이지에 이르는 신청서 곳곳에는 말풍선이 붙어 있는 만화 같은 일러스트도 그려져 있다. 가령, 1페이지에서는 보라색과 와인색의 화려한 모자를 쓴 여성이 이렇게 묻는다.

"당신은 살아오면서 얼마나 운이 좋았다고 생각하나요? 1부터 10까지 점수를 매긴다면 얼마를 주겠습니까?"

이런 질문도 있다.

"만약 슈퍼 히어로가 될 수 있다고 한다면, 어떤 히어로가 되고 싶습니까?"

"두 사람을 점심식사에 초대할 수 있다면, 누구를 초대하시겠습니까? 이유는요? 과거, 현재, 미래 그리고 실존 인물이건 가상의 인물이건 상관없이 답해주세요."

"당신이 발을 내디딜 때마다 테마송이 흘러나오는 방에 있다고 상상해보세요. 지금 흘러나오는 테마송은 무엇일까요? 그 이유는 무엇입니까?"

이 질문들에 대한 대답은 인터뷰 시 참고자료로서 활용된다. 구직자가 자포스 문화에 적당한지 아닌지 확인하기 위한 수단이 되기 때문이다.

이것과 관련해서 인재 채용 담당 매니저가 재미있는 에피소드를 들려주었다.

"몇 해 전, 컨택센터 직원 모집에 자포스 직원의 평균 연령보다 조금 많은 연배의 남성이 지원을 했습니다. 전화 인터뷰는 굉장히 좋은 분위기여서 면접을 봤는데 실제 얼굴을 맞대니 조금 딱딱한 느낌이 들었습니다. 어떤 질문을 할까 고민하며 그가 작성한 채용 신청서를 넘기는데 '당신의 테마송은 무엇인가요?'라는 항목이 눈에 들어왔어요. 그런데 그 사람이 적어 넣은 답이 저스틴 팀버레이크의 〈Sexy Back〉이지 뭐예요? 저스틴 팀버레이크는 90년대 후반에서 2000년대 초까지 한 세대를 풍미한 아이돌 밴드 엔싱크(N'Sync)의 리드 보컬이거든요. 그래서 주로 십대 여자 아이들에게 인기가 많았는데, 중장년층 남성이 이 노래를 자신의 테마송으로 선택했으니 꽤나 특이한 일이었지요. 제가 이유를 물으려던 순간, 그가 눈치를 챘는지 갑자기 웃음을 터뜨렸고 저도 웃음이 나와서 면접 분위기가 순식간에 화기애애해졌던 기억이 나요."

이처럼 자포스의 채용 신청서는 자포스 문화를 구직자에게 감각적으로 알려주는 동시에, 채용 담당자가 후보자 한 사람 한 사람에 대해 깊은 통찰을 하게 함으로써, 게이트키퍼로서 적절한 판단을 내리게 한다.

또한 구직자에게 자신이 이 회사와 맞는지 맞지 않는지를 판단하게 하는 역할도 한다. 폴더에 인쇄되어 있는 십자말풀이 게임이나 독특한 질문을 보고 어이없어하거나, 화를 내거나, 콧방귀를 뀌는 사람은 자신이 자포스와는 맞지 않다는 것을 즉시 알 수 있기 때문이다.

스펙보다는 인성이 우선이다

자포스는 회사의 최대 자본이 '직원'이라는 것을 확신한다. 그리고 직원들이 자포스의 일원으로서 성과를 올리기 위해서는 단순히 기술과 경력만 좋아서는 안 되며, 자포스 문화에 융화되어 즐겁게 일할 수 있어야 한다는 것이 가장 중요한 조건이라고 믿는다. 그래서 자포스는 직원 선발에 특히 더 많은 연구와 힘을 쏟는다.

자포스의 입사 시험에 최종 합격하려면 1차 면접과 2차 면접을 통과해야 한다. 1차 면접은 업무에 맞는 기술과 능력을 보는 것으로 IT 부서, MD 부서, 경리 부서 등 각 부서의 채용 담당자가 직접 평가한다(Skill Fit Interview). 이 과정을 통과하면 인사팀에서 실시하는 2차 면접을 보는데, 이것은 자포스 기업문화에 대한 구직자의 적성 검사라고 할 수 있다(Culture Fit Interview).

이 두 종류의 면접 중에서 자포스가 더 중요하게 생각하는 것은 2차 면접이다. 구직자가 자신의 업무에서 뛰어난 기술이나 많은 경력을 갖추었다 해도, 자포스 문화에 맞지 않다고 판단되면 자포니언이 될 수 없다.

자포스는 10개의 핵심가치에 근거한 질문을 통해 자포스 문화에 대한 구직자의 개성을 판단한다. 하나의 핵심가치마다 5~6개의 질문이 주어진다. 예를 들면 10개의 핵심가치 중 첫 번째 항목인 '고객 감동 서비스를 실천하자.'에 대해서는 "지금까지 일하면서 얻은 최고의 성과는 무엇인지 말해주십시오." 등의 질문이 주어진다. 구직자의 대답은 5단계 평가에 의해 점수가 매겨진다.

하지만 다른 조건이 전부 합격점이라 해도, "동료와 회사 밖에서 만난 적이 있나요?"라는 질문에 "아니오."라고 대답하면 예외 없이 불합격되고 만다. 이것은 일곱 번째 핵심가치인 '확고한 팀워크와 가족애를 갖자.'에 맞지 않기 때문이다. 자포스에서는 직원들끼리 회사 밖에서 친목을 다지는 것을 장려할 뿐 아니라, 자포스 문화를 강화하기 위한 필요 조건으로 삼고 있기 때문이다. 이 핵심가치의 구현을 위해 팀 매니저는 근무시간의 10~20%를 팀원들과의 교류에 쓰도록 의무화되어 있다.

미국에는 같은 회사 직원, 특히 상사나 부하가 회사 밖에서 만나서는 안 된다는 규칙을 가진 기업들이 많다. 예전 직장에서 동료들과의 사적인 만남을 금했던 거라면 어쩔 수 없지만, 구직자 자신이 그런 것에 거부감을 가지고 있다면 자포스의 일원이 되기엔 부적합하다.

회사를 경영하는 나의 경험에 비추어봤을 때 자포스의 이 점은 많은 부분 수긍하게 된다. 내가 경영하고 있는 회사는 비즈니스 프로젝트 기업이라서 팀워크나 단결력 그리고 커뮤니케이션을 특별히 중시한다. 그래서 우리 회사는 직원 모두가 한 테이블에 둘러앉아 점심 식사를 하는 것이 하나의 습관이 되었다. 그 시간에는 주말에 있었던 일이나 재미있게 본 TV 프로그램, 최근 보고 들었던 일 등 근무시간에는 좀처럼 할 수 없는 잡다한 이야기를 한다. 직원들은 이런 분위기와 대화를 통해 업무의 긴장을 풀고 회사 생활의 사소한 즐거움을 맛보는 것이다.

나에게는 직원들이 주고받는 사소한 이야기들이 귀중한 정보가 되기도 한다. 그것은 새로운 아이디어의 원천이 되기도 하고, 직원들의 애사심을 높이는 계기가 되기도 하며, 나와 함께 오래 일할 수 있는 사람과 그렇지 않은 사람을 가려낼 수 있는 기회가 되기도 한다. 지금까지의 경험에 비추어보면 점심을 함께 먹고 싶어 하지 않는 사람이나 대화에 참여하지 않는 사람, 노골적으로 삐딱한 태도를 보이는 사람이 우리와 오래 일했던 예는 없었다.

핵심가치를 기본으로 한 자포스의 2차 면접 샘플

재미와 약간의 괴팍함을 추구하자

■ 지원자는 사람들을 만나고 함께 어울리는 것을 좋아해야 한다.
즐거워지기 위해 하는 일이 있습니까? 취미는 무엇입니까?

■ 지원자는 면접을 통해 개인의 성향과 성격을 솔직히 드러내야 하며, 숨기거나 정답을 말하기 위해 애쓰지 말아야 한다.
지금까지의 자포스 인터뷰 과정 중에 바꾸고 싶은 부분이 있다면 어떤 부분입니까?
당신은 스스로 생각할 때 얼마나 특이합니까? 1부터 10까지의 점수로 평가해주세요.

■ 지원자는 직장이란 즐거운 곳이어야 하며 그것이 아주 중요하다는 것을 믿고 있어야 한다.
지금까지 일하면서, 직장 분위기를 즐겁게 만들기 위해 당신이 한 일은 어떤 것입니까?
일하면서 가장 즐거웠던 경험은 무엇인지 말해보세요.

■ 지원자는 고지식하거나 편협한 자세를 가져서는 안 된다.
당신은 동료의 어떤 행동을 가장 참을 수 없어 합니까?
당신의 가장 친한 친구는 당신을 어떤 사람이라고 표현하나요?
당신의 직장 상사는 당신을 어떤 사람이라고 표현하나요?

모험심과 창의성 그리고 열린 마음을 갖자

■ 지원자는 틀을 깨고 새로운 생각을 하고자 하는 의지를 갖고 있어야 한다.

과거의 직장에서 틀을 깨고 생각하거나 행동한 경험이 있으면 예를 들어 설명해주세요.

일하면서 한 가장 큰 실수는 무엇이었나요? 그 실수가 왜 가장 큰 실수였는지 말해주세요.

문제점을 발견했을때, 의무도 아니고 누가 요구하지 않았음에도 개선한 적이 있습니까?

■ 지원자는 보통 사람 이상의 창의력을 갖고 있어야 한다.

당신은 평범한 사람보다 더 창의적입니까, 덜 창의적입니까?

당신이 여기에 채용되어 처음 맡은 업무가 이 인터뷰 과정을 좀 더 재미있게 바꾸는 것이라면, 8시간 안에 무엇을 하겠습니까?

■ 지원자는 문제를 해결하기 위해 위험을 감수할 수 있어야 한다.

과거의 직장에서 당신이 감수한 위험은 무엇이었습니까? 그 결과는 어땠습니까?

일하면서 규칙을 어긴 경험이 있습니까?

늘 겸손하자

- - - - - - - - - - - - - - - - - -

■ 지원자는 자신의 장단점에 대해 솔직하게 말해야 한다.

당신의 장점은 무엇입니까? 당신의 포지션에서 이 장점은 어떻게 도움이 됩니까?

스스로 생각할 때 고쳐야 할 점은 무엇입니까? 개선하기 위해 하고 있는 일이 있습니까?

■ 지원자는 자만하는 모습을 보여서는 안 된다.

과거 직장에서의 포지션은? 그것이 자신에게 적합한 자리였다고 생각하십니까? 이유는?

왜 이 일에 본인이 적합하다고 생각하십니까?

당신을 이 포지션에 고용하는 데 있어 내가 알아야 할 다른 것들이 있나요?

_Zappos.com, Inc.의 The Zappos Family Core Values에서 인용.

계속해서 고치고 보태다

자포스의 채용 시스템은 긴 시간, 많은 시행착오를 반복하며 구축된 것이다. 2004년 12월, 자포스 문화에 매력을 느껴서 전에 다니던 인재 파견 회사를 떠나 자포스에 입사하게 되었다는 크리스타 폴리는 그 당시의 채용 시스템에 대해 이렇게 말했다.

"2004년 당시, 자포스의 컨택센터는 5개 인재 파견회사를 통해서 직원을 채용하고 있었습니다. 인터뷰는 컨택센터 매니저가 하고 있었는데, 15분 정도의 짧은 시간이었습니다. 자포스 문화에 대한 구직자의 적성을 파악하는 방식도 그때는 없었죠. 그 결과 20명을 뽑아도 트레이닝 기간에 '나와는 맞지 않는다.'는 이유로 여러 명이 그만두곤했어요. 한마디로 선발 적중률이 그다지 좋지 않았던 것이죠."

– 크리스타 폴리, 인재 채용 담당자

크리스타가 입사한 지 일주일이 되었을 때 신입사원인 그녀에게 뜻밖의 기회가 주어졌다. 자포스가 인재 파견회사를 통한 직원 채용을 포기하고, 자사에서 직접 채용하기로 결정하면서 채용 담당자로 그녀를 지목한 것이다.

"엄밀히 말하자면, 채용과 관련된 일은 토니 사장의 관할 업무가 아니었어요. 하지만 그는 어떻게 해야 우리가 원하는 사람을 채용할 확률이 높은지, 구직자가 자포스의 문화와 잘 맞는지를 확인하려면 어떤 공부를 해야 하는지 등에 대해 많은 아이디어를 던져주었습니다. 핵심가치를 기본으로 한 면접 가이드를 만들자는 것도 원래는 토니의 제안이었죠."

크리스타가 채용 프로젝트를 맡고 1년 반이 지난 후, 자포스는 인재 파견회사를 통해 직원의 100%를 채용하던 방식과 작별했다. 자포스 문화에 맞는 직원을 선발하기 위해 자사에서 처음부터 끝까지 도맡아 관리할 수 있는 채용 시스템 구축의 첫걸음이 시작된 것이다. 그 뒤 핵심가치에 바탕을 둔 인터뷰 가이드가 확고히 만들어지자, 채용의 정확도는 계속 증가했다.

문화 적성을 판단하는 채용의 비법을 완벽하게 마스터했다고는 말할 수 없지만, 꽤 괜찮은 방향으로 나아가고 있다고 자포스는 자부한다. 변화를 두려워하지 않고, 계속 배우면서 새로운 것을 받아들이는 것은 자포스의 핵심가치 중 하나이다. 그 정신에 따라 최근에 인터뷰 가이드에 새로운 요소 하나가 추가되었다.

CEO 토니 셰이가 읽고 감명을 받은 칩 콘리(Chip Conley)의 《매슬로에게 경영을 묻다(원제; Peak)》에서 언급된 '욕구 5단계설'에 힌트를 얻어 만든 '적성진단 툴(Tool)'이 그것이다. 이 책에서 매슬로는 인간의 욕구를 5단계로 구분했다. 생리적 욕구, 안전의 욕구, 소속감과 사랑의 욕구, 자기존중의 욕구, 그리고 인간이 추구하는 최상위의 욕구로 자아실현의 욕구를 들었다.

여기에서 힌트를 얻은 '적성진단 툴'은 한 장의 질문지에 15개의 문장이 나열되어 있는데, 모두 일과 사생활, 인생의 목표 등과 관련된 것들이다. 구직자는 이 중에서 자신이 생각하는 '이상적인 워크라이프(Work Life)'를 5개까지 선택해서 체크하도록 되어 있다. 이것을 통해 구직자가 단순히 월급을 받기 위해 직장을 구하는 것인지(Job), 아니면 자신의 분야에서 최고의 경력을 쌓고 싶어 하는지(Career), 아니면 천직(Calling)을 구하고 있는 것인지를 판단하게 된다.

물론 자포스가 원하는 직원의 일순위는 천직을 구하는 사람이고, 두 번째가 최고의 경력을 쌓기 위해 일하는 사람이다. 단순히 월급을 받기 위해 '직장'을 구하는 사람은 자포스가 원하는 인재가 아니다. 이것은 "워크-라이프 밸런스, 즉 일과 생활의 균형이라는 건 말도 안 되는 소리다."라고 잘라 말하는 토니 셰이의 철학을 명확하게 반영한 것이다.

면접 자체가 문화 쇼크

많은 구직자에게 있어서 채용 심사인 면접은 자포스 문화와 처음으로 만나는 장(場)이다. 컨택센터 직원에게 자포스의 컨택센터가 다른 곳의 콜센터와 어떻게 다른지 물으면, 대부분 면접에서의 색다른 체험을 가장 많이 언급한다. 자포스에서 근무하기 전에도 몇몇 회사의 콜센터에서 일한 적이 있다는 사라는 면접에서 경험한 놀라움을 이렇게 표현했다.

"1차 면접에서 업무 능력에 대한 테스트를 받은 뒤 2차 면접을 보러 오라는 통지를 받았죠. 그날 저는 정장 차림을 하고 있었어요. 그런데 인사팀 직원이 다음 면접 때는 좀 더 캐주얼한 차림을 해도 좋다고 하는 거예요. 청바지를 입어도 좋다는 말을 듣고 저는 속으로 '거짓말일 거야.'라고 생각했어요. 일부러 그렇게 얘기해서 내가 어떤 옷을 입고 오는지 시험하는 걸로 생각한 거죠. 그래서 2차 면접을 보는 날에 청바지를 입긴 했지만, 혹시 모르니 격식을 좀 갖추자는 생각에 상의는 정장 블라우스를 입었죠. 지금 생각해보면, 청바지 차림에 티셔츠를 입고 면접을 봤더라면 더 높은 점수를 받았을지도 모른다는 생각이 들어요. 왜냐면, 여긴 자포스니깐!"

– 사라, 컨택센터 직원

그러나 자포스의 면접에서 신선하고 놀라운 것은 자유로운 복장뿐만이 아니라고 사라는 말한다.

"제가 더 놀란 건 자포스에서 만난 모든 직원들이 친절하고 다정다감하다는 사실이에요. 자포니언들은 뒤에서 따라오는 사람을 위해 문이 닫히지 않도록 잡고 기다려줍니다. 또, 문이 닫힐까 봐 잰걸음으로 뛰어가는 사람이 있으면 '그렇게 급하게 가지 않아도 돼요. 뛰지 말아요.'라고 친절하게 말해주고요. 처음 만난 사람에게도 '안녕하세요? 잘 지내요?'라고 여기저기에서 말을 걸어주고 '면접 왔어요? 합격하면 좋겠다.'라며 행운을 빌어준 사람도 있었지요. 그게 너무 낯설고 이상해서 '이런 회사도 있구나.' 하는 생각을 했었죠. 전에도 회사를 다녀봤지만 그런 경험은 처음이었으니까요."

– 사라, 컨택센터 직원

자포스의 채용 방식은 구직자와 자포스 모두에게 물리적인 면과 감정적인 면에서 막대한 헌신(Commitment)을 요구한다. 좋은 식재료가 없으면 맛있는 요리를 만들 수 없다는 진리를 자포스는 잘 알고 있기 때문이다. 이것은 비단 컨택센터 채용에만 적용되는 것은 아니다.

컨택센터 이외의 부서에 지원한 사람은 2차 면접을 마친 뒤에 자신이 일하게 될 부서에서 약 반나절을 보낸다. 각 부서의 고용 매니저와 팀 멤버가 2인 1조가 되어 구직자의 업무 능력과 경력을 평가하는 면접을 본다. 그리고 그 부서의 멤버 한 사람 한 사람에게 구직자를 정중히 소개한다.

자포스의 채용 시스템을 거치면서 구직자는 자포스가 '그들의 기업문화를 지키고 승화시키는 것을 매우 중요하게 생각하고 있으며, 자신 역시 그 문화의 일원으로서 존중받고 있다는 사실을 깨닫게 된다.

이것이 구직자의 마음에 '자포니언'으로서의 소속감과 자긍심의 싹을 틔우게 한다. 이 싹에 물을 주고 어린 나무로 자라게 해주는 것이 바로 모든 자포니언들이 의무적으로 받아야 하는 '4주간의 트레이닝'이다.

기업문화를 공유하고 실천하기

문화를 어떻게 가르칠 것인가

'4주간의 트레이닝' 외에도 켄터키에 있는 물류센터에서 실시하는 1주간의 연수도 자포스 직원이라면 누구나 받아야 하는 필수 코스다. 단, 이 연수는 입사 직후에 받는 것은 아니다.

이런 자포스 트레이닝은 자포스 직원 모두가 통과해온 길이다. 컨택센터 직원이든 바이어든 CEO든 일반 직원이든, 누구나 차별 없이 참여해야 하는 이 트레이닝은 참여자 모두가 평등하게 책상에 둘러앉아 '자포니언은 어떠어떠해야 하는가?'에 대해서 토론도 하고 서로 배우기도 하는 자리다.

자포스 채용 구조가 오랜 시간 시행착오를 거치며 보석을 세공하듯 만들어진 것과 마찬가지로, 자포스 트레이닝 구조 또한 같은 방식으로 만들어졌다.

트레이닝 프로그램 개발은 2005년에 시작되어 2006년에 완성되었다. 이 시기는 10개의 핵심가치를 정립한 시기와 일치한다. 이 또한 타사의 것을 모방하는 것이 아닌 '자포스 스타일'을 만들기 위해 백지 캔버스 위에 그림을 그리듯이 착수되었다.

"당시 트레이닝 개발 부서는 5명으로 구성된 작은 팀이었어요. 그리고 이 사람들은 모두 기업 트레이닝에 대해서는 거의 경험이 없는 사람들이었습니다."

현재 자포스의 트레이닝 부서를 이끌고 있는 레이첼 브라운은 첼리스트로 활동했던 사람이다. 그녀는 맘에 드는 직장을 찾을 때까지 잠시 돈을 벌 생각으로 자포스에 입사했는데, 자포스 문화에 흠뻑 빠져들어 트레이닝 부서를 책임지는 자리에까지 올랐다. 레이첼은 자포스의 트레이닝 프로그램 개발에 대해 이렇게 말한다.

"문화라는 것을 어떻게 가르칠 수 있을까에 대해 많이 고민했지만 참고할 만한 전례도 없으니 막막했지요. 그래서 자포스만의 독자적인 방법을 만들어내는 수밖에 없다고 생각했습니다. 팀원 모두가 아이디어를 쥐어짜고 방법을 찾으면서 하나씩 차례대로 만들어가자고 결심했습니다. 개선점을 정리하는 데 하루가 걸렸는데 곧바로 다음 날 확 바꿔보기도 했지요. 시행착오의 연속이었습니다.

자포스 스타일이 확립된 지금은 다른 회사가 우리 것을 배우고 있지만, 지금 생각해보면 다른 회사의 것을 모방하지 않은 것이 우리들의 성공 비결일지도 모른다는 생각이 들어요.”

– 레이첼 브라운, 트레이닝 매니저

자포스 트레이닝의 핵심은 집단 토론과 개개인의 마음을 통해 자포스 문화가 어떤 것인지를 자연스럽게 익히게 하는 것이다. 그리고 실천을 통해서 '자포스의 서비스 정신'을 배우는 것이다.

4주간의 트레이닝 중 2주간은 컨택센터에서 전화를 받으며 직접 고객을 상대하게 된다. 이는 컨택센터를 지원한 사람뿐만 아니라 회계 담당자, 시스템 개발자, 시장조사팀 등 트레이닝 후에 배치되는 부서와 상관없이 모두에게 해당된다. 자포스에서는 고객 서비스가 특정 부서의 업무가 아니라, 회사의 존재 이유라고 할 만큼 중요하기 때문이다. 그래서 모든 직원이 몸소 그 의미를 이해해야 한다는 철학이 깔려 있다. 자포스의 다른 면도 그러하지만, 나는 이 부분에서 자포스라는 회사가 '서비스 문화'에 얼마나 철저하게 헌신하는지 알 수 있었다.

모든 직원이 고객 응대 트레이닝을 받는다는 것은 실리적인 장점으로도 연결되고 있다. 크리스마스 시즌 등 몹시 바쁜 시기에는 컨택센터가 아닌 다른 부서 직원 누구라도 고객의 전화를 받아 응대하는 것이 가능하기 때문이다. 자포스에서는 어떤 상품에 대해서 컨택센터 직원이 대답할 수 없는 어려운 문의가 들어오면 바이어가 전화를 받는 경우도 있다. CEO 토니도 크리스마스 시즌에는 다른 직원들과 함께 고객의 전화를 받는다.

이것은 월트디즈니가 말하는 '부서를 초월한 인재 활용'과 비슷하다. 월트디즈니에서는 1년 중 특별히 바쁜 시기에는 본사의 경영 간부도 디즈니랜드로 출근해 티켓을 팔거나 푸드코트에서 일을 돕거나 안내 업무를 하는 등 현장 직원과 똑같이 근무한다.

미국 소매업에서 고객 서비스로 유명한 컨테이너스토어(The Container Store)도 마찬가지 방침을 갖고 있다. 본사에서 근무하는 직원도 직책과 직종에 관계없이 1년에 한 번은 가게나 창고에 나가 근무하게 하는 것이다.

서비스 문화를 중요시하는 기업들은 '부서를 초월한 인재 활용'에 기초한 사례를 가지고 있는 경우가 매우 많다. 파격적인 고객 서비스로 유명한 사우스웨스트항공은 허브 켈러허(Herb Kelleher) 전 회장이 만든 전통에 따라 CEO나 임원진들도 자사 여객기를 이용할 때는 객실 승무원과 함께 승객들에게 땅콩을 나눠준다.

'서비스 컴퍼니'를 표방하는 기업의 모든 직원은 반드시 '고객 서비스 정신'을 체득해야 한다. 그렇지 않으면 그 회사의 장래는 불투명해질 것이다. 그리고 그 전에 그들은 직장을 잃게 될 것이다.

가르치고 배우는 것도 재미있게

까다로운 채용 선발을 통과해 자포스에 입사한 직원들이 받아야 하는 '4주간의 트레이닝'은 과연 어떤 것일까? 4주 동안 무엇을 어떤 식으로 트레이닝 하는 것일까? 레이첼을 만났을 때 나는 호기심을 참지 못하고 이 점에 대해서 물었다.

우선, 자포스의 신입사원 트레이닝은 신입사원과 트레이너, 채용팀의 매니저, 신입사원이 배치될 부서의 매니저가 한곳에서 만나 친분을 나누며 친해지는 것부터 시작한다. 이 자리는 자포니언으로서 트레이닝을 받는 신입사원에게, 많은 사람들이 진심으로 그들의 성공을 응원하고 있다는 것을 보여주기 위한 것이다.

그것이 끝나면, 트레이닝 프로그램 기간 중 지켜야 할 주의사항을 꽤 상세하게 전달받는다. 자포스의 신입사원 트레이닝은 월요일부터 금요일, 오전 7시부터 오후 4시까지 4주간 엄격하게 진행된다. 불가피한 사정이 아니라면, 결석이나 지각은 허용되지 않는다. 결석이나 지각을 한 번이라도 하면 즉각 실격으로 간주된다.

스케줄은 엄하지만 서포트 체제는 몹시 뛰어나다. 오전 7시라는 이른 시간에 모두가 출근할 수 있도록 모닝콜 서비스를 해준다. 지금은 자동설정으로 전화를 거는 것이 가능하지만, 이전에는 트레이너들이 5시에 일어나 트레이닝 참가자 한 사람 한 사람에게 전화를 걸었다고 한다. 더 놀라운 것은 회사에서 그렇게 하도록 시킨 것이 아니라, 트레이너들이 자발적으로 그렇게 했다는 사실이다. 이 또한 자포니언다운 모습이다.

4주간의 트레이닝은 크게 둘로 나눌 수 있다. 처음 2주간은 클래스룸 형식의 학습을, 그리고 나머지 2주간은 컨택센터에서 전화를 받으며 현장학습을 하게 된다. 클래스룸에서는 '와우(WOW) 서비스'와 '10가지 핵심가치'를 주제로 발표와 토론을 하게 된다. 그냥 강의를 듣고 노트 필기를 하는 수동형 학습은 거의 없다.

정규 트레이너뿐만 아니라 일반 직원의 참여를 적극 장려하고 최대한 활용하는 것도 자포스의 신입사원 트레이닝의 특징이다. 예를 들면, '10가지 핵심가치'에 대한 발표는 대부분은 '뜻있는' 일반 직원에 의해 진행된다. '나야말로 적합하다.'라고 생각하는 직원이 10가지 핵심가치 가운데서 한 가지를 선택해 그 의미와 중요성에 대해 질문을 던지는 상황극을 보여준다.

언젠가 여섯 번째 핵심가치인 '커뮤니케이션을 통해 솔직하고 열린 관계를 만들자.'에 대해 재미있는 발표가 있었다. 발표자로 나선 직원이 신입사원들에게 자신이 설정한 상황을 설명했다.

"저는 태어나서 한 번도 땅콩버터샌드위치를 먹어보지 못한 사람입니다. 저에게 샌드위치 만드는 방법을 가르쳐주시겠어요?"

그러고는 트레이닝 참가자 중 한 사람을 지목했다. 사실 빵에 땅콩버터를 바르기만 하면 되는 간단한 것이었다.

그런데 정말 깜짝 놀랄 만한, 아무도 상상하지 못한 결과가 나왔다. 트레이닝 참가자가 "빵에 땅콩버터를 바르세요."라고 설명하자 그가 손으로 버터를 덜어 빵에 바른 것이다. 빵에 버터를 바를 때 버터나이프를 사용해야 한다는 얘기를 빼버렸기 때문에 생긴

일이다. 이 상황극은 진정한 커뮤니케이션, 잘 듣고 잘 얘기하는 것의 중요성을 아주 쉽고 재미있게 보여주었다.

핵심가치를 어떻게 설명하는가에 대해 가이드라인이 주어져 있는 것은 아니다. 일반 직원이 각자 열정과 창의력을 발휘해서 트레이닝 참가자를 적극적으로 참여하게 하고 웃게 하고 경험하게 하면서 핵심가치를 익혀나가도록 할 뿐이다.

발표 후에는 트레이닝 참가자들이 느낀 점을 주고받는다. '나는 알고 있지만 설명해도 상대방이 이해할 수 없는 것이 있다.'거나 혹은 '받는 이의 입장이 되어 이야기하는 것이 필요하다.'는 등 공감할 수 있는 의견이 많이 나온다.

다른 부서의 직원을 활용한 트레이닝은 '가르치는 과정을 통해서 그 자신도 배운다.'라는 진리의 실천이기도 하다. 다른 사람에게 무언가를 가르치려면, 가르치는 사람이 그것을 완벽하게 이해하고 있어야 한다. 또, 통상 배우는 입장에만 있다가 가르치는 입장에 서게 되면, 상대방의 시점을 이해하는 데 큰 도움이 된다. 그것은 팀워크와 커뮤니케이션 증대에도 긍정적인 영향을 준다.

실천을 통해 배운다

클래스룸 형식의 트레이닝에서는 '샌드박스(Sand Box; 보호된 영역 안에서 프로그램을 작동시키는 보안 소프트웨어)'라 불리는 시뮬

레이션 툴을 사용한 훈련도 받는다. 이것은 컨택센터의 현장 실습에 대비한 트레이닝이다.

샌드박스는 자포스의 컨택센터가 실무에 사용하는 소프트웨어를 흉내 낸 것으로, 진짜와 똑같은 기능을 갖춘 학습 툴이다. 하나 다른 것이 있다면 기간시스템(Back-End System)과는 연계되어 있지 않다는 점이다. 그래서 트레이닝 참가자는 실수에 대한 부담 없이, 트레이너에게 부여받은 시나리오에 따라 주문을 넣거나 반품 처리를 하고, 쿠폰을 발행하는 등 고객 응대에 필요한 모든 조작을 연습하고 습득하는 것이 가능하다.

'샌드박스'라는 이름은 아이가 갖고 노는 모래판의 이미지에서 따온 것이다. 아이가 진흙투성이가 되어 놀면서 배우는 것처럼, 실천을 통해서 배우다보면 어느 순간 실력이 향상된다는 점에서 착안한 것이다.

언제나 고객의 입장에 서라

"콜센터 경험이 풍부한 신입사원일수록 오히려 트레이닝 때 애를 먹어요."

트레이닝 매니저 레이첼의 말이다. 기존의 나쁜 버릇을 모두 없애야 하는데, 그게 쉽지 않기 때문이다. 그 나쁜 버릇 중 한 가지가 바로 고객에게 인색하게 구는 것이다. 물론 회사에 이득이 된다는 생각에 오랫동안 그렇게 해온 것이 습관처럼 굳어버린 것이라고 볼 수 있다.

예를 들어 고객이 전화로 불만을 얘기할 때, 콜센터 경험이 많은 신입사원일수록 고객의 요구를 좀처럼 수용하려 들지 않는다고 한다. 그들은 고객의 불만과 요구사항을 들어주면 회사에 손해가 갈 것이고, 그러면 결국 회사는 자신을 나쁘게 평가할 거라는 생각을 갖고 있어서 그렇게 하는 것이다.

나도 고객의 입장에서 콜센터에 전화를 걸어본 경험이 꽤 있다. 그럴 때마다 느낀 건데, 대부분의 콜센터 직원들은 회사의 입장만을 얘기한다. 내가 주문한 것이 아닌 엉뚱한 상품을 보내놓고, 먼저 반품하지 않으면 교환 상품을 보내줄 수 없다는 회사의 규칙만을 반복해서 얘기하는 경우가 다반사다. 그런 얘기를 들을 때마다 나는 콜센터 직원에게 상식적인 질문을 던진다. "당신이 내 입장이라면 어떻게 하시겠습니까?" 이렇게까지 해도 대부분의 대답은 회사의 정책이기 때문에 어쩔 수 없다는 것이다. 고객의 입장에서 고객이 원하는 답을 해준 콜센터 직원은 한 번도 만난 적이 없다.

이런 현상은 콜센터 직원들이 개인으로서의 감정과 생각을 포기하고 회사의 입장에만 서도록 배워왔기 때문이다. 따라서 고객의 입장에서 상황을 판단하는 것은 불가능해지고, 고객의 짜증과 탄원에 공감할 수도 없게 된다.

그러나 자포스는 항상 회사의 입장이 아닌 고객의 입장에서 문제를 해결하도록 한다. 그것이 바로 컨택센터 직원이 해야 할 임무이다. 그 일은 실제 컨택센터에서 전화를 받고, 고객의 불만과 요구 사항을 직접 들음으로써 배울 수 있는 것이다. 이론이나 공식을 통해 배울 수 있는 것이 아니다.

헬프데스크 부서의 매니저인 도나본 로버스는 자신이 겪은 컨택센터 실습에 대해 이렇게 말했다.

"특별한 신발을 찾는 손님이 있었어요. 그 고객을 응대하는 데 거의 2시간이 걸렸습니다. 여러 가지 알아봐주었지만 결국 주문으로는 이어지지 않았죠. 그런데 마지막에 그 고객이 정말 고맙다며 진심으로 감사 인사를 하는 거예요. 가슴이 뿌듯하고 행복해지는 걸 느꼈어요. 그리고 다른 회사 콜센터라면 한 고객에게 2시간을 쏟아붓고도 물건을 팔지 못했다고 트레이너에게 주의를 받았겠지만, 자포스에서는 오히려 아주 잘했다는 칭찬을 받았습니다."

– 도나본 로버스, 헬프데스크 매니저

트레이닝의 목적은 직원 한 사람 한 사람이 '내가 고객이라면 어떻게 해주길 원할까?'를 생각하게 하는 것이다. 그리고 자신의 판단에 기초해서, 책임감을 가지고 행동할 수 있도록 가르침을 주는 것이다.

특히, 이렇게 하면 좋다는 식의 지도는 하지 않는다. 오히려 '어떻게 하는 게 가장 좋을 것 같은가?' 하는 식의 질문을 던진다. 이런 과정을 거쳐, 처음에는 자신감 없던 사람들도 나중에는 스스로 자신 있게 행동하게 되는 것이다. 이처럼 자포스 스타일의 서비스 정신을 체험하면서, 한 사람의 새로운 '자포니언'이 탄생해간다.

4주간의 트레이닝이 끝나면 졸업식과 퍼레이드로 마지막을 화려하게 장식한다. 졸업하는 사람들이 그룹을 만들고 여러 가지 테마를 정해 저마다의 스타일을 한껏 뽐내며, 엄격한 트레이닝을 마친 것을 축하하게 된다.

전원이 아메리카 풋볼 유니폼으로 몸을 감는 그룹도 있고, 직접 만든 '자포스 노래'를 선보이는 그룹도 있다. 여기에도 규칙이나 매뉴얼 따위는 없다. 단지 개성의 자유로운 표현이 있을 뿐이다.

본사를 천천히 행진하는 퍼레이드는 신입사원이 선배들에게 첫 인사를 하는 공식 무대이기도 하다. 선배 직원들은 모두 새싹 자포니언들이 어떤 일을 벌여 놀라게 해줄까를 즐겁게 기다린다. 퍼레이드가 끝날 때마다 '역사상 가장 시끄러운 그룹' '역사상 가장 웃기는 그룹' 등의 타이틀이 붙어 화제가 되고, 그것이 회사의 공식 행사에 채택되기도 한다.

개성을 마음껏 표현하는 것은 자포스가 가장 바라고 또 적극 권하는 것이기 때문에 신입사원들은 이런 이벤트를 통해서 자포스의 기업문화를 몸으로 익혀나가는 것이다.

신입사원을 위한 특별한 배려

트레이닝이 끝나면 신입사원들은 부서 배치를 받아 업무를 시작한다. 하지만 컨택센터에 배치된 직원들에게는 다시 3주간의 '부화기간'이 기다리고 있다. 컨택센터 직원으로 혼자서 업무를 처리할 수 있을 때까지 멘토라 불리는 코치에게 자포스만의 전화 응대법에 대해 자세히 지도를 받는 것이다.

신입사원에게 멘토가 붙어서 회사의 업무나 주의해야 할 점에 대해 교육하는 것이 그리 특별한 일은 아니다. 하지만 자포스에서는 멘토 이외에도 '앰버서더(Ambassador)'가 붙는다. 앰버서더는 멘토와는 약간 다른 역할을 맡고 있다.

멘토는 고객 응대 방법에 대해서 조언을 해주지만, 앰버서더는 신입사원이 자포스 문화에 잘 적응하도록 돕는 사람이다. 앰버서더의 역할은 업무에만 한정되지 않고, 신입사원이 안고 있는 고민을 들어주고 해결책을 모색하는 것까지 포함된다. 말하자면 격의 없는 형님이나 누님 같은 역할을 하는 것이다.

자포스처럼 자유나 자율성을 강력하게 외치는 기업에서는 신입사원들이 당황하기 쉽다. 어느 정도가 적절한 행동이고 어느 것이 부적절한 행동인지, 또는 그 한계가 어디까지인지 판단하기 어렵기 때문이다. 보통 회사라면 신입사원은 주변을 관찰하고 다른 사람의 실수나 자신의 실수에서 그 회사 특유의 룰을 배운다. 하지만 자포스는 신입사원이 헤매거나 불안해하지 않도록, 궁금한 점은 언제든 물어보고 고민되는 부분도 해소할 수 있도록 적극 돕고 있는 것이다.

빨리 퇴사하면 보너스 지급?

자포스에는 어느 회사에도 없는 기발한 인사 정책이 있다. '오퍼(Offer)'라고 불리는 이 제도가 하버드경영대학원 출판사(Harvard Business School Publishing)의 인터넷 사이트에 실리면서 자포스라는 회사가 미국 언론의 관심을 받기 시작했던 것이다.

〈자포스가 돈을 주면서까지 신입사원을 그만두게 하는 이유〉라는 제목의 이 기사는, 무수히 많은 블로그 등 각종 인터넷 커뮤니티 사이트로 퍼져 순식간에 온라인을 뜨겁게 달궜다.

4주간의 신입사원 트레이닝 중 일주일이 지난 시점에서 퇴사를 원하는 사람이 있을 경우 자포스는 월급에 3,000달러의 '사퇴 보너스'까지 준다. 이 오퍼 제도는 자포스 문화에 적응하지 못하는 신입사원이나 자포스 문화에 대한 생각 없이 그냥 '돈 때문에' 일하고 싶어 하는 신입사원을 배제하기 위한 장치이다.

오퍼 제도는 단순히 사람을 그만두게 하려고 만든 것이 아니다. 자포스는 특유의 기업문화를 만들고 가꿔나가는 것을 가장 중요하게 생각한다는 것을, 신입사원과 기존의 직원들에게 알리기 위한 장치인 것이다.

엄밀히 말하면, 일주일 동안 트레이닝에 참가하는 것만으로 3,000달러라는 적지 않은 돈을 버는 것도 그리 나쁘지는 않다. 그 돈을 노리고 자포스에 지원해서 3,000달러를 받고 그만두는 불순한 사람도 있을 수 있다. 그러나 트레이닝 참가자 중 오퍼 제도를 선택하는 신입사원의 비율은 1% 정도로, 아주 적다.

자포스의 기업문화를 이해하고 잘 적응할 수 있는 인재를 만나기 위해 자포스가 자체 채용 시스템에 얼마나 공을 들였는지는 앞에서 충분히 설명했다. 그 연장선상에서 볼 때 1%의 오차밖에 허용하지 않는 성밀함은 인재 채용으로 골머리를 앓는 많은 기업들에게 시사하는 바가 크다.

기업문화는 벽에 걸린 단순한 사훈에서 나오는 것이 아니다. 회사의 구성원인 직원이 만드는 것이어야 하고, 계속해서 살아 있는 것이어야 한다. 그렇기 때문에 자포스 문화를 자신의 것으로 만들고 그것에 생명력을 불어넣을 수 있는 인재를 찾고 키우는 데 많은 비용을 지불하는 것이다. 그 철저한 신념이 자포스의 채용과 트레이닝에 반영되고 있다.

Part. 4

사람을 존중하는
자포스의 기업문화

The
Zappos
Miracles

직원이 성장해야
회사가 성장한다

모두가 자포스 문화 지킴이

자포스가 가장 중요하게 생각하는 것은 '자포스 문화'이다. 자포니언들은 채용 설명회나 면접 등을 통해 입사 이전부터 자포스가 문화를 얼마나 중요하게 여기는지를 철저히 인식하게 된다.

그렇기 때문에 신입사원 트레이닝 기간에도 '자포스 문화의 주체는 바로 당신들이다.'라는 것을 매우 강조한다. 10가지 핵심가치도 공지사항처럼 말로만 전달하는 것이 아니라, 그것이 자신에게 어떠한 의미를 갖는지 스스로 질문하게 함으로써 직원 한 사람 한 사람의 피와 살이 되게 한다.

자포스에서의 승진은 문화 담당자로서 보다 많은 책임을 떠맡는다는 것을 의미한다. 매니저는 문화를 지속시키기 위한 치어리더 같은 존재다. 어떻게 하면 팀 결속을 더 강화할 수 있을까에 대해 생각하고, 팀원 각자가 자포니언으로서 성장해나갈 수 있도록 방향을 제시하고 지원하는 것이 그들의 임무이다.

매니저의 중요한 역할 중 하나로 업무평가가 있다. 반년에 한 번 실시하는 업무평가는 신입사원 채용 방법과 마찬가지로, 핵심가치에 근거한 평가가 50%이고 업무상 평가가 50%를 차지한다. 아무리 우수한 직원이라도 문화에 대한 공헌이 없으면 권고를 받는다. 그럼에도 개선이 되지 않으면 해고까지 갈 수도 있다.

해고를 최종 결정하는 것은 매니저와 부서장의 권한이다. 인사팀은 단순히 조언자로서의 입장을 취할 뿐이다. 그렇기 때문에 매니저의 책임이 더욱 막중하다. 팀원 한 사람 한 사람을 잘 알지 않으면 안 되고, 자신의 생각을 전하거나 상대의 생각을 듣고 이해하는 등 의사소통의 기술도 매우 중요하다.

앞에서도 다뤘지만, 자포스 매니저는 근무시간의 10~20%를 '팀빌딩(Team Building)'을 위한 활동에 써야 한다. 팀원 모두 야외로 점심을 먹으러 간다거나, 책상 주변을 새롭게 꾸민다거나, 때로는 사내 퍼레이드를 기획하기도 한다.

사내 견학 담당 매니저인 도나본 로버슨은 매니저로서의 경험에 대해 이렇게 말한다.

"저는 솔직히 세 번째 핵심가치인 '재미와 약간의 괴팍함을 추구하자.'에는 서툰 편입니다. 업무에 몰두하기 쉬운 성격이라, 조금만 바빠져도 곧 재미나 유머 같은 건 머리에서 사라져버리곤 하지요.

하지만 그럴 때마다 팀원 가운데 누군가 좋은 아이디어를 내는 사람이 있어요. 다 같이 점심을 먹으러 가자고 한다거나 게임을 하자는 제안 같은 걸로 색다른 재미를 만들어주는 것이지요. 이처럼 서로의 약점을 덮어주고 채워주는 것이 자포스 팀의 좋은 점입니다."

자포스는 문화를 지키기 위해 사람을 이끌어가고 또 사람으로부터 배울 수 있는 환경을 만든다. 자포스 매니저는 그냥 일만 잘해서는 안 되는 자리이다.

목표는 자아실현

앞에서 언급한 '매슬로의 욕구 5단계설'에 대해 조금 더 설명해보자. '욕구 5단계설'에 따르면 인간은 가장 기초적인 욕구인 생리적 욕구에서 시작해, 그것이 충족되는 것에 따라 점점 더 고차원의 욕구를 지향하는 생명체이다. 따라서 인간의 이런 욕구 지향성을 인재 매니지먼트에 효율적으로 적용할 수 있다는 것이 매슬로의 주장이다.

점점 더 높은 단계로 나아가고자 하는 것이 인간의 본질이라면, 그것을 매니지먼트하고 살리는 것이 인재 매니지먼트의 기본 전제라는 것이다.

즉, 직원들로 하여금 욕구 5단계설 중 가장 높은 단계인 '자아실현'이라는 목표를 향하게 함으로써, 각자의 잠재력을 최고점까지

끌어낼 수 있다는 것이다. 이 이론을 직원만이 아닌 고객의 욕구에도 적용해 정리한 것이 칩 콘리의 《매슬로에게 경영을 묻다(원제; Peak)》이다.

선진국 국민들의 욕구 수준은 30년 전과 비교하면 완전히 바뀌었다. 월마트 같은 대형 할인매장이 급성장한 80년대와는 사정이 다르다. 이미 온갖 상품을 저렴하게 살 수 있는 시대이기 때문에 소비자는 더 이상 물건 값에 감동받지 않는다. 게다가 지금은 어느 가게든 반품을 받아주고 대부분 무료 배송까지 해준다.

원하는 상품을 저렴하고 편리하게 사고 싶다는 1차원적인 기본 욕구가 충족된 지금, 소비자의 한 차원 높은 욕구는 무엇을 향하고 있을까? 라이프스타일이나 가치관을 공유할 수 있는 사람들과 함께한다는 공동체 의식, 소비자로서 존중받고 있다는 만족감, 창의력을 발휘할 수 있다는 기쁨과 성취감의 경험 등을 지향하고 있지 않을까?

따라서 기업은 직원의 욕구나 고객들이 지향하는 고도의 욕구를 파악할 필요가 있다. 그리고 그 욕구를 이룰 수 있도록 동기를 부여하고, 실천에 옮길 수 있는 에너지를 주입하면 할수록 부가가치는 자연스럽게 만들어질 것이다. 자포스가 목표로 하는 '직원, 고객, 자포스 삼각구도의 행복(Triple Happiness Method)'은 바로 매슬로의 욕구 5단계설에서 그 힌트를 얻은 것이다.

'고도의 욕구 실현'을 사내의 장치로 만들고 실현하는 자포스, 분명 대단한 기업이다.

승진과 연봉은 하기 나름

"자포스에서 승진이나 연봉 인상은 자기 하기 나름이에요. 목표가 어디까지이든 올라가는 게 가능합니다."

컨택센터 직원 사라의 설명이다.

자포스 컨택센터는 '17개의 필수 업무 능력(Skill Set)'을 만들어놓고, 각각의 능력을 취득할 때마다 월급을 올려주는 시스템을 갖추고 있다. 실시간 채팅으로 고객의 문의에 답을 하면 시급 50센트, 이메일로 답을 하면 시급 75센트가 오르는 방식이다. 각각의 능력을 취득했다는 인증을 받기 위해서는, 지정 학습 프로그램이나 인증시험을 통과해야 한다.

하지만 정해진 규정이나 커리큘럼은 없다. 자신에게 어떤 능력이 필요한지를 스스로 판단해서 취득 목표를 세운 다음, 한 가지씩 꾸준히 마스터하면 된다. 능력을 하나씩 마스터할 때마다 월급이 올라간다. 물론 업무의 폭이 넓어지고 일하는 보람 역시 자연스럽게 커진다.

통상적으로 콜센터의 시급은 15달러이다. 그래서 전문직종이 아닌 아르바이트의 개념이 강하다. 원하는 직장을 찾을 때까지 임시로 다니는 사람도 많다. 일반적인 콜센터에는 'ㅇㅇ을 하면 월급이

17개의 필수 업무 능력(Skill Set)

반품 처리	창고에서 반품을 확인한 뒤 환불 등의 수속을 한다.
서베이	웹을 기반으로 하는 고객 서베이를 통해 최적의 개선 시기를 검토한다. 또, 필요에 따라 고객에게 전화를 걸어 설문한다.
멘토	신입사원이 전화로 고객의 문의에 답하고 친절히 응대할 수 있도록 현장 교육을 한다.
앰버서더	신입사원을 '보살피는 사람'으로서 자포스 문화에 적응할 수 있도록 돕는다.
메일	메일로 고객의 질문이나 주문 등에 답한다.
실시간 채팅	인터넷 실시간 채팅을 통해 고객을 응대한다.
리소스 데스크	컨택센터 내의 도어맨과 같은 존재로, 물류센터나 MD팀과 제휴하여 컨택센터의 전화 대응을 뒷받침한다.
신용조회	의심스러운 주문은 신용을 조회하여 사기를 방지한다.
캐나다 팀	자포스의 캐나다 시장용 웹사이트에 관한 문의에 답한다.
스패니시 팀	스페인어로 접수된 문의에 답한다.
6pm.com	자포스의 자매 사이트인 6pm.com에 관한 문의에 답한다.
콜·품질 관리	전화, 메일, 실시간 채팅으로 고객에게 답하는 것을 모니터링 한다.
스케줄링	컨택센터 직원들이 처리해야 할 일들의 순서를 정한다.
개선	컨택센터를 더욱 개선시키기 위한 트레이닝을 제공한다.
트레이닝	신입사원을 대상으로 하는 트레이닝을 제공한다.
비즈니스 유닛	Kids, Outdoor, Running, Comfort, Rideshop으로 분류한 내부 카테고리별 상품에 대한 전문지식을 갖춤으로써 고객이 필요로 하는 상품 지식을 제공한다.
NPS	고객에게 전화를 걸어 NPS(순고객추천지수)를 조사한다.

_자포스 자료를 토대로 저자가 작성. 내용은 취재 당시인 2008년 9월의 것임.

올라간다.'는 명확한 기준도 없다. 현장 책임자 정도 되어야 월급
이 조금 오르는 정도다.

하지만 자포스에서는 컨택센터가 회사의 심장부이다. 고객 서비
스에 뛰어난 재능을 가진 직원들, 고객을 대하는 진정한 기쁨을 맛
보기 시작한 직원들이 돈 때문에 자포스를 떠난다면 엄청난 타격
을 입는 셈이다. 그래서 개인의 의지나 노력에 따라 얼마든지 스스
로 월급을 올릴 수 있도록 구조적인 장치를 마련했다. 월급 때문에
무리하게 현장 책임자가 될 필요도 없다. 자포스 컨택센터에서는
일반 직원이라도 능력만 익히면 현장 책임자보다 높은 월급을 받
는 것이 가능하기 때문이다.

리더 양성 프로그램

자포스는 '파이프라인(Pipeline)'이란 이름의 리더 양성 프로그램
을 개발하고 있다. '파이프라인'은 5년에서 7년 정도 근무한 직원들
의 리더십 향상을 목적으로 한다. 리더십 있는 인재를 외부에서 뽑
아 오는 것보다는 사내에서 육성하는 쪽이 보다 이상적이고 효율
적이라고 믿기 때문이다.

'파이프라인'은 부서를 불문하고 모든 직원이 받아야 하는 교양
과목과 각 부서의 독자적인 전문과목으로 구성되어 있다. 교양과
목에는 자포스의 문화와 매니지먼트학 등이 포함된다. 전문과목은

리더십 개발팀의 조언하에 각 부서별로 부서 특성에 맞게 한창 개발 중이라고 한다.

이 프로그램은 자포스 직원들이 개인의 경력을 효과적으로 관리할 수 있도록 회사가 나서서 지원해주는 것이다. 자포스는 직원들이 자신의 적성과 가장 잘 맞는 업무를 찾을 수 있도록 사내의 부서를 자유롭게 이동할 수 있는 제도를 갖추고 있다.

예를 들어, 컨택센터 직원이라도 본인이 원하면 수습 바이어로서 머천다이징 부서에서 임시로 일할 수 있다. 기간은 대략 6개월이며 그 기간에는 임시로 소속되어 있는 부서 매니저 밑에서 지도를 받을 수 있다. 업무 숙달 상태와 일에 대한 본인의 생각 등을 체크하면서 적성과 잘 맞는지를 판단해보는 것이다.

이러한 평가는 3개월 또는 6개월 간격으로 이루어진다. 평가 결과 새 업무가 적성에 맞지 않는다고 판단되어도 이전의 포지션을 잃지 않는다. 이 프로그램은 직원들이 새로운 것을 계속 배울 수 있도록 장려하는 동시에, 유능한 직원이 새로운 경력 관리를 모색하기 위해 다른 직장으로 빠져나가는 것을 방지하는 역할도 하고 있다.

자포스에서는 모두가 왕

자포스를 방문한 사람이라면 반드시 들러야 할 곳이 있다. 벽면 가득 폴라로이드 사진이 덮여 있고, 왕의 의자와 많은 왕관이 놓여 있는 재미있는 방이다. 방문자는 많은 왕관 중에서 가장 맘에 드는 것을 골라 왕의 의자에 앉아서 사진을 찍을 수 있다. 의자 위 벽에는 '자포스에서는 내가 왕!'이라는 글귀가 매우 화려한 색과 서체로 장식되어 있다.

자포스를 방문했을 때 나도 경험한 일이지만, 대부분의 사람들은 이 방이 도대체 누구의 방이고 무엇을 위해 만들어진 방인지 전혀 알 수 없다. 다만, 방문객들을 위한 이벤트 공간 같은 느낌을 주는 그런 곳이다.

이 공간이 자포스의 상근 코치인 닥터 빅(Dr. Vik)의 사무실이라는 걸 알게 된다면, 사람들은 깜짝 놀랄 것이다. 닥터 빅은 자포스의 직원과 각 부서가 다음 레벨에 도달할 수 있도록 다양한 지원 프로그램을 제공하는데 이때 받는 코칭은 전액 무료다.

직원들은 다양한 이유로 닥터 빅을 찾는다. 직무상의 인간관계에서 오는 어려움을 호소하기도 하고, 실연의 아픔을 털어놓기도 한다. 안개가 자욱이 껴서 기분이 안 좋은 날에는 우울한 기분을 떨치기 위해 닥터 빅의 방문을 노크하는 직원도 있다.

상담 주제는 일에 관련된 것일 수도 있고 사적인 것일 수도 있다. 어떤 것이라도 상관없다. "살아가면서 직면하게 되는 여러 문제들 앞에서 직원 한 사람 한 사람이 승자가 된다면, 자포스도 승자가 되는 것이다!"라는 자포스의 고유 철학이 이런 방을 만들게 한 것이다.

직원 각자가 자발적으로 자신의 문제를 해결하기 위해 상담하러 오기도 하지만 신입사원들은 닥터 빅과 함께 '30일 목표(Goal)'를 수립하도록 장려된다. 이때의 면담은 한 사람당 30분간 진행되는데 인생에 있어서의 목표와 일에 있어서의 목표에 대해 서로 이야기를 주고받는다. 면담이 끝나면 각자 30일 동안 달성해야 하는 목표를 가지게 된다.

목표를 달성한 직원에게는 표창장이 수여된다. 전체 직원들 앞에서 닥터 빅이 주는 인증서가 낭독되고 축하의 박수가 이어진다. 이것 또한 자포스의 일원이 되기 위한 통과의례 중 하나다. 신입사원들은 이렇게 목표 달성의 기쁨, 지속적인 습관의 향상, 승자의 문화를 가슴에 새기며 자포니언이 되어간다.

닥터 빅과 코칭 세션을 마무리한 직원들은 방문객들이 하듯이 맘에 드는 왕관을 쓰고 왕의 의자에 앉아 사진을 찍는다. 과정을 끝까지 수행한 것에 대한 축하의 의미로 닥터 빅은 직원에게 사진을 선물한다. '자포스에서는 모두가 왕!'이라는 것을 잊지 않게 하기 위한 사소한 장치인 것이다.

고객 충성도를 이끌어내는 힘

처음으로 자포스를 방문한 사람들은 그 자유분방하고 혼란스러운 분위기에 충격을 받는다. 피어싱과 문신, 색색으로 물들인 와일드한 헤어스타일 등 겉모습만 보아도 자포스는 통상적인 미국 기업들이 가지는 상식의 틀에서 많이 벗어나 있다.

방문객이 지나갈 때마다 손뼉을 치기도 하고 춤을 추듯이 몸을 흔들어대기도 한다. 각 팀은 제 나름대로 개성을 살려 환영의 메시지를 맘껏 전한다. '도대체 이 사람들은 언제 일을 하는 거지? 이런 분위기에서 일하는 게 과연 생산성이 있을까?'라는 의문과 걱정이 들 수도 있다. 그러나 알면 알수록 자포스는 '미국에서 가장 규율이 엄한 회사'라는 것이 분명해진다.

자포스는 겉으로 잘 드러나지 않는 각종 지표를 매우 중요하게 생각한다. 온갖 지표를 재고 측정하고, 측정하고, 또 측정한다. 다만 그저 '수치'라는 것만 강조할 뿐 그에 의존하지는 않는다.

컨택센터에는 전날누계, 월간누계 그리고 전년 같은 날의 기록들을 비교 대조한 자료들이 누구나 볼 수 있도록 큼지막하게 붙어 있다. 전화, 메일, 실시간 채팅 등을 통해 하루에 응대한 문의 건수와 고객의 평균 대기시간, 총 매출액과 컨택센터의 매출 그리고 컨택센터 매출이 총매출에서 차지하는 비율, 한 직원당 달성한 매출액 등을 모든 직원이 공유하도록 한 것이다.

앞에서 이미 다루었지만, 컨택센터 부서에서는 NPS 조사를 지속적으로 실시하고 있다. NPS란 '고객 충성도' 연구의 권위자 프레더릭 라이히헬드가 만든 지표로, 고객에게 '단 하나의 질문'을 던짐으로써 충성도를 알 수 있다는 설에 기반한다. 그 '단 하나의 질문'이 바로 "당신은 이 회사와 상품 또는 서비스를 친구나 주변 사람들에게 추천하시겠습니까?"이다.

NPS는 10점 만점 가운데 9나 10이라고 대답한 그룹을 적극 추천 고객, 0~6까지라고 대답한 그룹을 비판자로 구분한다. 적극 추천 고객이 차지하는 비율에서 비판자 비율을 빼면 지수가 나온다. 자포스의 지수는 이메일을 통한 조사에서는 83이었고, 전화 조사에서는 90이 나왔다. 기존에 NPS에서 높은 지수를 받아 유명해진 기업들의 지수가 80점에 미치지 않는 수준을 봤을 때, 자포스의 지수는 매우 높은 것이다. 즉, 자포스를 향한 고객 충성도는 매우 높고 견고하다는 것을 알 수 있다.

물류센터와 사이트의 효율성

많은 이슈를 낳았던 인사 제도와 트레이닝 그리고 차별화된 컨택 센터의 그늘에 가려 화제에 오른 적은 별로 없지만, 물류센터 업무와 사이트의 효율성도 감탄할 만하다. 켄터키 주 루이빌 시에 있는 자포스 물류센터의 면적은 약 7만 평에 달한다. 미국 풋볼 필드 약 17개가 들어갈 만큼 어마어마한 크기다. 하지만 그 광대한 물류센터의 끝에서부터 상품을 포장하는 구역까지 거의 5분 만에 도달할 수 있도록 설계된 컨베이어 시스템이 매우 빠른 속도로 가동되고 있다. 그래서 주문부터 발송까지 걸리는 시간이 짧게는 1시간 이내이다. 이런 시스템 덕분에 밤 11시에 주문받은 물건이 다음 날 고객의 손에 전해질 수 있는 것이다.

우리 회사는 로스앤젤레스에 있는데 우리 회사 직원 중에도, 자포스에서 한밤중에 주문한 신발을 다음 날 아침에 받은 사람이 있었다. 높은 IT기술과 무료 배송, 다음 날 배송이 보편화된 데다 국토 면적이 그리 넓지 않은 한국 독자들에게는 이런 일이 얼마나 놀라운 일인지 느낌이 확 오지 않을 수도 있으나, 미국이라는 광대한 나라에서 늦은 밤 주문한 상품이 바로 다음 날 도착한다는 것은 완전히 경이적인 일이다. 이런 경험을 한 고객은 그 놀라운 체험을 다른 사람들에게 얘기하지 않을 수 없게 된다.

자포스의 입소문 커뮤니케이션에 의해 구축된 월등히 높은 고객 충성도는 이런 이유로 전혀 이상한 것이 아니다.

사이트의 효율성 또한 놀랍다. 2009년 9월에 발표된 고속 브로드밴드 기준 자료에 의하면, 자포스는 사이트 접속에 걸리는 시간이 미국 온라인 사이트 가운데 가장 짧다. 이는 자포스가 인터넷으로 쇼핑하는 고객들의 니즈를 정확히 파악하고 있다는 의미이다.

인터넷 쇼핑을 할 때 고객들은 자신이 클릭한 상품을 빨리 보고 싶어 한다. 즉, 빠른 속도로 페이지가 이동하길 원한다. 하지만 대부분의 쇼핑몰은 팝업 창과 배너 광고, 너무 많은 상품 사진 때문에 페이지 이동에 많은 시간이 걸린다.

그래서 자포스는 움직이는 배너, 불필요한 상품 사진 등 페이지 이동 속도를 저해하는 모든 요소를 철저히 배제하려 노력해왔다. 다른 사이트에 비해 밋밋한 느낌을 주고 번쩍이는 광고도 없지만, 원하는 제품을 클릭하면 재빨리 이동하고 그 안에서 상품에 대한 모든 정보를 볼 수 있게 만든 것이다.

끊임없이 배우는 조직

자포스는 문화를 유지하고 향상시키기 위해 단순히 감각적으로 접근하지 않는다. 10가지 핵심가치를 각 부서에서는 어떻게 실천할 수 있는지를 직원들에게 묻고 실현 가능성을 평가한다. 해당 부서의 주관적 평가이긴 하지만, 그 결과는 막대그래프로 정리되어 본사 복도에 붙여진다. 각 항목의 중간 지수는 회사 전체의 지수가 되고, 다음 목표를 정하기 위한 지표로 사용된다.

자포스는 직원이 더 성장하도록 장려하고 개인의 의욕을 돋우는 장치를 제공하면서, 그 결과물들이 회사를 성장시키는 요인이 되도록 노력을 게을리 하지 않는다. 자포스는 장기적 번영을 바라는 모든 기업의 본보기가 되어야 할 '지속적으로 배우는 조직'이다.

직원을 위한 최선의 서비스

자포스를 비롯해 서비스를 중요하게 여기는 기업들이 서비스의 전제조건으로 여기는 하나의 콘셉트가 있다. 그것은 '사내 고객'이라는 콘셉트이다. 이 기업들에게 있어서 서비스의 대상은 고객만이 아니라 사내 고객, 즉 직원도 포함된다. 그리고 그러한 가치를 전체와 공유하는 문화, 그것이 바로 '서비스의 기본'이라고 믿는다.

서로 돕는 것도 서비스

자포스의 미션은 감탄(WOW)을 구현하고, 전하는 것이다. 자포스에서는 고객도 직원도 거래처도 모두가 감탄 서비스의 대상이 된다. 예를 들어, 자포스의 '헬프데스크'는 소위 말하는 '직장 가이드'와 같은 역할을 한다. 직원들의 출장에 관한 여러 가지 준비를 하고, 거래처에서 자포스를 방문할 때 항공편과 숙소까지 도맡아 준비한다. 필요하면 차량을 보내 공항에서 픽업도 해준다. 자포스의 '사내 투어'를 운영하는 것도 이 부서이다. 헬프데스크의 감탄 서비스 대상은 사내 고객인 직원들과 거래처인 셈이다.

또, 자포스의 컨택센터 내에는 '리소스 데스크(Resource Desk)'라는 팀이 있다. 리소스 데스크는 컨택센터 직원을 지원하기 위한 부서다. 고객을 응대할 때 컨택센터 직원이 감당하기에는 복잡한 질문이나 문의가 있을 때, 또는 복잡하게 얽힌 문제를 해결하기 위해 행동이 필요할 때 리소스 데스크가 등장한다. 리소스 데스크의 목적은 단 하나, 컨택센터 직원의 보좌에 만전을 기해 고객을 감탄 체험으로 연결시키는 것이다. 리소스 데스크의 서비스 대상은 컨택센터 직원들과 고객이 되는 것이다.

서비스 정신은 사실 극히 단순한 형태로 나타난다. 자포스 본사의 입구에는 방문객들에게 문을 열어주는 안내원은 없지만, 언제나 뒤에서 오는 사람을 위해 문을 열고 기다려주는 사람을 볼 수 있다. 자포스에서는 임원이라도 바쁜 일을 이유로 사람 코앞에서 문을 닫거나 하지 않는다. 자포스의 가치와 문화를 더욱 잘 지켜야 할 사람이 임원이기 때문에 임원들은 사소해 보이는 일에 더욱 철저한 모습을 보인다.

"회사 업무와 관계없는 일이지만 곤란한 상황에 처했을 때, 예를 들어 고장난 차를 정비업소에 가져가지 않으면 안 될 때, 자포스에서는 누구에게 부탁해도 기분 좋게 도움을 받을 수 있을 거라는 믿음이 있습니다."라고 어느 직원은 말했다.

서비스를 가장 중요하게 여기는 기업에서 서비스는 업무가 아니다. 기업의 존재 의의고, 직원이 살아가는 자세이며, 마음속에 깊이 각인된 그 기업의 성장 DNA이다.

한 사람은 모두를 위해 있다

자포스는 공동체(Community)이다. 이것은 가족(Family)이라고 바꿔 말할 수 있다. 자포스가 매년 직원들로부터 원고를 받아 발간하는 〈컬처북(Culture Book)〉이란 잡지가 있다. 자포스의 문화를 주제로 직원들이 직접 쓴 글들에서 자주 볼 수 있는 말은 가족, 자부심, 즐거움, 감사, 미소 등이다.

사회적 자본 이론에 의하면, 한 조직에 소속된 사람들의 연대감이 강하면 강할수록 조직의 가치와 장점은 배로 증가한다. 사회적 자본은 물적 자본과 인적 자본에 이은 제3의 자본으로 21세기 국가와 기업의 경쟁력을 좌우하는 핵심 요소로 주목받고 있다. 사회적 자본은 물적 자원과 인적 자원과 같은 눈에 보이는 실체는 없으나, 대체로 합의되는 부분은 있다. 2000년 브라질에서 개최된 세계경영경제학회에서는 신뢰성, 진실성, 단결성, 개방성 등을 사회적 자본을 이루는 4대 구성 요소로 꼽았다.

자포스가 시간과 물적 비용을 투자해서라도 자신들만의 가치와 문화를 확립하기 위해 부단히 노력하고, 직원과 고객의 행복을 최우선으로 했던 것들이 결국 자포스 성장의 원동력이 되고 있다. 자포스의 성공은 21세기 기업 경영의 화두가 되고 있는 사회적 자본을 확립하기에 매우 좋은 모범 답안이 되고 있는 것이다.

자포스 CEO인 토니 셰이는 "자포스는 투자자의 것이 아니다. 직원 모두의 것이다."라고 강조한다. 그리고 COO 겸 CFO인 알프레드 린은 2009년 1월에 전 직원들에게 보낸 신년인사 메일을 통해 직원 한 사람 한 사람이 매일 1%의 향상을 위해 노력하자고 호소했다. 직원 각자가 성장하지 않으면 회사는 성장할 수 없다. 각자가 매일 1%씩 향상한다면, 회사 전체로서는 1년에 몇십 배의 향상을 이룰 수 있다.

회사는 직원 한 사람 한 사람을 위해 존재하고, 각 직원도 회사라는 공동체의 성장을 위해 최선을 다한다. 그것이 자포니언의 신조이자 자포스라는 회사의 근본적인 강점이다.

2000년대 초쯤부터 '개개의 고객 가치를 모두 합한 것이 기업 가치'라는 인식이 보편화되고 있다. 이것과 마찬가지로 '각 직원의 힘을 모두 합한 것이 그 기업의 힘'이라고 생각해야 한다.

돈이나 지적 소유물을 많이 가지고 있는 기업, 최첨단 인프라를 갖추고 있는 기업만이 강한 것은 아니다. 뜻을 같이하고 공통의 목적을 향해서 앞으로 나가는 직원이 많으면 많을수록 그 회사는 강한 기업이 될 것이다.

의료보험 전액 지원

2009년 〈포춘〉지가 매년 1월에 발표하는 '가장 일하기 좋은 100대 기업'에서 자포스가 23위에 선정되었다. 이 리스트에 처음 등장한 회사가 '23위'라는 상위에 랭크된 것은 대단한 쾌거다. 각종 언론에서도 특집기사로 다루며 자포스를 주목했다. 그리고 2010년에는 8계단 상승한 15위에 올랐다.

많은 언론들이 주목한 부분은, 자포스가 직원들의 성장을 돕기 위해 투자를 아끼지 않는다는 점이다. 이는 다른 기업에서 유래를 찾아볼 수 없는 것이기에 더욱 눈에 띄는 것이다.

치과와 안과를 포함한 의료보험비를 전액 회사가 부담하고, 매일 점심을 무료로 제공하는 구내식당이 있고, 직원이 자유롭게 이용할 수 있는 취침실과 상근 라이프 코치가 있다는 점이 특히 주목을 받았다.

국민의료보험을 법으로 규정해 저렴한 비용으로 병원 치료를 받을 수 있는 한국인들의 눈에는 자포스가 직원 전체의 의료보험비를 부담하는 것이 특별하게 보이지 않을 수도 있다. 그러나 미국은 의료보험의 주체 기관이 국가가 아니기 때문에, 국민 개인이 부담해야 하는 의료비가 엄청난 수준이다. 그렇기 때문에 위중한 병이 아니라면 병원 가는 걸 꺼리는 미국인들이 많다. 그리고 2009년 '가장 일하기 좋은 100대 기업'에 선정된 기업 중에도 의료보험 전액을 회사가 부담하는 곳은 자포스를 포함해서 15개 정도다. 의료보험이 비싼 미국에서 직원의 보험 전액을 기업이 부담한다는 것은 기업에게 있어서 꽤 용기 있는 일인 것이다.

자포스는 2008년에 연 매출 10억 달러를 돌파한 중견기업이다. 자포스가 직원들에게 제공하는 특별 서비스들은 다른 대기업의 그것과 비교하면 특별하거나 큰 비용이 들어가는 것은 아니다. 구글처럼 일류 주방장이 만들어주는 점심을 먹을 수 있는 것도 아니고, 사내 보육시설과 고급스런 피트니스 센터를 갖춘 것도 아니다. 그렇지만 회사가 할 수 있는 범위에서 최선을 다해 직원을 행복하게 하자는 마음 씀씀이가 일하는 사람들의 마음을 감동시켜, 더욱 열심히 일하고 싶게 만드는 것이다.

친구 같은, 그러나 존경받는 CEO

자포스 직원 대다수는 자포니언 중에서 가장 소극적인 인물로 CEO 토니 셰이를 꼽는다. 그러나 한편으로 그를 가장 자포스적인 사람이라고 말하기도 한다. CEO 토니는 30대의 젊은 나이이지만, 직원 모두의 본보기이며 그들에게 진심으로 존경받고 있다.

컨택센터의 한 직원은 문제에 부딪혀 판단이 잘 서지 않을 때는

'만약 토니라면 어떻게 할까?'를 생각해본다고 한다.

직원들이 토니에 대해 언급할 때 가장 빈번하게 사용하는 단어가 바로 '겸허'다. 자포스의 10가지 핵심가치 중 열 번째가 '늘 겸손하자.'이다. 이것이 자포스의 핵심가치에 포함된 것은 우연이 아니다. 회사의 모든 일을 계획하고 실행할 때, 토니는 겸허한 자세를 견지한다.

이런 에피소드가 있다. 자포스에서는 매년 뜻을 같이하는 직원들이 서로 머리카락을 빡빡 밀어주는 '대머리 블루(Bald and Blue)'라는 행사를 열고 있다. 이것은 '재미와 약간의 괴팍함을 추구하자.'는 세 번째 핵심가치에 따라 실시하는 것인데, 직원들이 서로 밀어준 머리카락은 소아암 환자들의 지원 단체에 기부되어, 암 투병 중인 어린 환자들의 가발을 만드는 데 사용된다.

이 행사에는 매년 토니와 알프레드도 참가해서 직원 중 한 명에게 머리를 맡겨 빡빡 밀게 한다. 회사의 최고 경영진과 일반 직원들이 서로의 머리카락을 빡빡 밀어주는 일, 상상만으로도 즐겁지 않은가? 또한 그것이 다른 이들에게 도움이 되는 일이라면 이 또한 남다른 경험을 창조하는 일이 되는 것이다.

이 행사는 자포스 본사 앞 광장에서 진행되는데, 언젠가 행사 종료 후 한 사람이 빗자루를 들고 머리카락을 쓸고 있었다고 한다. 그 사람이 바로 CEO 토니였다. 자포스에 입사한 지 얼마 되지 않았던 신입사원이 그 광경을 목격하고는 자신의 눈을 의심하며 감탄해 마지않았다고 한다.

또 매년 토니는 크리스마스 때와 새해에 직원들의 자리를 일일이 찾아가서 "메리 크리스마스!" "올해도 고마웠습니다!" 등의 감사 인사와 함께 한 사람 한 사람에게 직접 선물을 전한다고 한다. 그 모습은 직원에게 진한 감동을 주기에 충분하다.

토니는 "저 역시 직원이 1,500여 명 있는 회사의 한 구성원일 뿐입니다. 자포스 문화는 어디까지나 직원들이 만드는 것입니다."라고 말한다. 그의 말처럼, 기업문화는 최고 경영진의 전면적이고 적극적인 후원 없이는 성립할 수 없는 것이다.

물론 자포스의 문화 형성을 보면, '후원'이라는 말을 훨씬 초월하는 그 무엇이 존재한다. 토니를 비롯한 자포스의 최고 경영진들은 모두 자포스 문화의 최대 지지자이고, 문화 육성에 대해서는 철저한 실천주의자들이며, 현장을 중시한다는 점이 그것이다.

문이 없는 경영진의 책상

자포스의 사무 공간은 자포스와 직원들 개인의 개성이 한껏 드러나는 공간이다. 직원들은 저마다의 취향에 맞게 각자의 책상 주변을 장식한다. 천장에는 오리 모양의 튜브나 종이로 만든 용이 매달려 있다. 업무 공간이라고 부르기보다는 '카오스'라는 표현이 더 맞을지도 모른다.

그 카오스 중에서도 한층 눈에 띄는 곳이 있다. 울창한 녹색으로 뒤덮여 마치 정글 같은 분위기를 풍기는 곳. 자포니언들은 이곳을 원숭이 길이라고 부르는데, 그곳에는 CEO 토니 셰이와 COO 겸 CFO 알프레드 린의 책상이 자리하고 있다.

토니를 비롯한 자포스의 임원들에게는 자신만의 사무실이 따로 없다. CEO도 CFO도, 다른 직원과 마찬가지로 파티션으로 구분된 공간에 앉아서 일을 한다.

한때, 직원 간의 커뮤니케이션과 조직 내 수평적 관계를 위해 모든 사무실과 중역실을 개방하는 '오픈 도어 폴리시(Open Door Policy)'가 유행한 적이 있다. 그러나 자포스는 이것을 한 단계 더 끌어올려 아예 문을 없애는 '노 도어 폴리시(No Door Policy)'를 실천하고 있다. 어쨌든 방이 따로 없기 때문에 문을 닫고 싶어도 닫을 수가 없다. 누구든 자유롭게 CEO의 책상에 들러 가볍게 질문하거나 인사를 나눌 수 있다는 것이다.

토니는 임원 사무실을 가지지 않는 또 다른 이유에 대해 형식적인 미팅이 성격상 맘에 들지 않기 때문이라고 말한다.

"직원들 전체가 같은 공간에 앉아 있으면, 누가 어떤 이야기를 하고 있는지 귀에 잘 들어오죠. 만약 누군가의 대화에서 나에 대한 불만이나 좋은 의견들이 나온다면, 바로 대화에 끼어들 수 있다는 장점이 있습니다."

서로 간의 커뮤니케이션과 빠른 업무 처리를 중요시하는 '자포스

스타일'이 사무 공간의 설계에도 적지 않은 영향을 미치고 있음을 알 수 있는 사례다.

자유로운 커뮤니케이션

기업 컨설턴트로서 수년간 많은 기업들의 장점과 단점 등을 분석하고 연구했지만, 자포스만큼 개방성과 수평적 관계 그리고 투명성을 철저하게 추구하는 기업을 본 적이 없다.

예를 들면, 신입사원들을 대상으로 하는 4주간의 트레이닝 기간에 토니와 알프레드는 손님으로 초대받는다. 이때에는 신입사원들이 CEO와 CFO에게 어떤 질문이든 다 할 수가 있다. 그리고 두 사람은 그 질문들에 솔직히 대답해야만 한다.

이것 외에도 '무엇이든 물어보세요(Ask Anything)'라는 자포스 뉴스레터가 있는데 이것은 주제를 불문하고 직원의 질문을 모아서, 토니를 비롯한 회사의 임원진이 그 질문에 솔직히 대답하는 것이다. 이것은 어찌 보면 투명성을 강조하기 위한 요식행위처럼 보일 수도 있다. 그러나 진실은 오래가고 거짓은 그 실체를 금세 드러낸다는 것을 토니를 비롯한 자포니언들은 알고 있다. 이런 개방적이고 솔직담백한 커뮤니케이션을 통해 자포스의 소속감과 연대감은 그 깊이를 더해가고 있는 것이다.

자포스의 이러한 커뮤니케이션 방식은 자포스 내부적으로는 물론 대외적인 측면에서도 긍정적인 영향을 가져온다. 자포스는 1,000개가 넘는 거래처와 상품 판매 상황 데이터를 공유한다. 자포스는 엑스트라넷(Extranet) 시스템을 활용하는데, 각 거래처는 각자에게 부여된 비밀번호(Password)를 가지고 자포스 네트워크에 접속해서, 자사 상품의 판매 상황을 추적하고 재주문의 타이밍을 판단할 수 있다.

한편에서는 그 시스템이 경쟁업체 간에 정보가 유출될 가능성이 있지 않겠냐고 우려의 목소리를 내기도 한다. 그러나 토니는 "1,000쌍이 넘는 외부의 눈이 우리의 비즈니스를 지켜보고, 다양한 의견을 제시해주고 있습니다. 그것보다 뛰어난 장점은 없지요."라고 반론한다.

또한 요즘은, 블로그나 트위터 등의 소셜 미디어를 통해 외부 사람들과 커뮤니케이션을 하는 기업 CEO들을 많이 볼 수 있다. 그러나 토니를 포함한 자포스 사람들처럼 다양한 미디어 채널을 활용해 고객과 소통하는 회사도 없을 것이다.

앞서 다뤘던 사퇴 보너스(Offer)와 더불어 자포스가 미국 비즈니스계의 주목을 받기 시작한 또 다른 계기는 직원의 50% 정도가 트위터를 사용한다는 점이다.

트위터는 사용자가 140자 이내의 짧은 메시지를 인터넷 블로그에 올리는 소셜 미디어로서, 세계적으로 큰 인기를 얻고 있다. 트위터는 한 번에 140자 이내의 메시지밖에 보낼 수 없다는 제약을 갖고 있지만, 휴대 단말기를 통해서 가볍게 통신할 수 있고, 수신자가 메시지를 받고 싶은 사람을 미리 설정할 수 있다는 편의성을 가지고 있다. 이런 특징 때문에 초기에는 전문직이나 컨설턴트, 저널리스트 사이에서 인기를 얻기 시작했다.

트위터가 만들어진 계기는 사람들이 가족이나 지인에게 자신의 근황을 가능한 한 간단한 방법으로 알리게 하자는 것이었다. 토니도 이에 공감해서 트위터 사용자가 되었다. 그러나 트위터를 사용한 지 1년 정도 지났을 때, 토니는 커뮤니케이션 도구로서 트위터가 가진 잠재력을 인식하게 됐다. 트위터를 자포니언의 공통 커뮤니케이션 도구로 사용한다면 사내 커뮤니케이션이 한층 원활해지고, 자포스 문화를 더욱 견고하게 다져가는 효과도 얻을 수 있을 것이라 생각한 것이다.

2009년 9월 현재, 500명에 달하는 자포스 직원이 트위터를 사용한다. 트위터 사용은 강제가 아닌 직원의 재량에 맡겨진 임의 활동이다. 트위터를 한다고 해서 월급이 오르는 것도, 보너스가 주어지는 것도 아니다. 활동에 대한 지도 방침이 있는 것도, 어떤 것은 올려도 되고 어떤 것은 올려서는 안 된다는 규정도 있을 리가 없다.

토니는 자타가 공인하는 트위터 중독자다. 자포스 서비스에 관한 공지부터 날마다의 혼잣말에 이르기까지 주저하지 않고 메시지를 올린다. 그의 트위터를 구독하면 그가 지금 어느 곳에 있는지, 어떤 회의에 참석하고 있는지 그리고 누구와 저녁을 먹었는지, 어떤 책을 읽고 있는지 등 여러 가지 일들을 거의 실시간 중계로 전해 받을 수 있다.

2009년 3월 초순의 어느 날 밤, 토니는 "저 내일 백악관에 갑니다. 경제정책에 대해서 의견이 있으신 분들은 알려주십시오."라는 메시지를 트위터에 올렸다. 오바마 정부가 비즈니스 리더를 백악관으로 초청해서 경제정책의 방향성에 대해서 의견을 모으고 있었는데, 거기에 토니도 초청을 받았다. 토니는 이 사실을 트위터에 올려 여러 의견을 구하고자 했던 것이다.

2009년 7월의 일을 보면, 자포스와 트위터의 인연이 남다르다는 것을 확인할 수 있다. 아마존이 자포스를 인수한다는 사실이 자포스 트위터에 올라왔고, 이것은 삽시간에 퍼져나가 미국 비즈니스계를 흔들었다. 보통 기업 인수 같은 소식은 언론 기사를 통해 알려지기 마련이다. 그런데 트위터를 통해 이런 빅뉴스를 터뜨린 자포스는 확실히 시대를 앞서가는 기업임에 틀림없다.

트위터 & 블로그

자포스는 직원들 간의 유대관계를 강화하기 위해 트위터를 장려할 뿐만 아니라, 고객과의 감성적인 유대관계를 구축하기 위한 툴로써 트위터를 활용한다.

트위터를 사용하는 자포니언들은 트위터 유저 네임 끝에 모두

'Zappos'를 붙인다. 자포니언들 각자가 생각하는 것, 그 순간 몰두하고 있는 일에 대해 자유롭게 이야기하는 것 등 모든 메시지가 고객으로 하여금 자포스의 문화와 브랜드를 가깝게 느끼도록 할 수 있다고 자포스는 믿는다.

이런 믿음은 자포스가 컨택센터를 통해 달성하려고 하는 것과 같다. 센터의 목적은 고객과 친밀하고 감성적인 유대관계를 만드는 것이다. 단순히 고객의 문의를 처리하는 것이 본래의 목적이 아니다. 그렇기 때문에 직원 한 사람 한 사람이 자포스의 구성원으로서 개성과 감성을 발휘해 고객과 마음을 주고받음으로써 감동 서비스를 만들어낸다.

자포스 직원들이 운영하고 있는 블로그도 마찬가지다. 토니와 알프레드의 블로그를 시작으로, 유명 디자이너의 상품 블로그, 운동화 블로그, 등산화 블로그 등 현재 12종류의 상품/라이프스타일 카테고리별 블로그가 동시에 운영되고 있다.

다른 기업의 블로그와 자포스 블로그의 차이점을 한마디로 정의하자면, 자포스는 블로그를 자포스 문화와 가치를 보여주는 곳으로 활용한다는 점이다. 그렇기 때문에 직원 한 사람 한 사람이 블로그의 운영 주체인 동시에 블로그 콘텐츠가 되기도 한다.

그들의 블로그에는 '오늘의 자포니언'이라는 주제로 일반 직원을 인터뷰해서 동영상으로 소개하는 코너가 있다. 파자마 데이나 퍼레이드, 노래방 콘테스트 등 자포스에서 진행되는 여러 행사들을 알려주는 코너도 있다.

자포스의 컨택센터에 전화를 걸면 재미있는 경험을 할 수 있다. 전화에서 들려오는 신호음은 다른 기업의 것과는 다르다. 자포스의 전화 신호음은 바로 3명의 자포니언으로 구성된 코러스 그룹 '딱따구리들(The Tappers)'의 노래다.

직원들이 트위터를 통해 많은 고객들과 자유롭게 회사 소식을 주고받을 수 있도록 하는 것, 직원들이 직접 회사 블로그를 운영하는 것, 블로그 내용을 직원들의 이야기로 채우는 것, 컨택센터의 신호음을 직원들이 부른 노래로 하는 것 등은 모두 자포스의 가치와 연결된다. 직원의 개성을 전면에 내세워 자포스의 가치관과 자포스적 라이프스타일을 강렬하게 내세우는 것이 무엇보다도 뛰어난 브랜드 홍보 활동이라고 여기기 때문이다. 그렇기 때문에 자포스에서는 직원 한 사람 한 사람이 브랜드 전도사인 것이다.

사람 중심의 마케팅

'문화가 곧 브랜드다.'

이것은 토니의 강한 믿음이다. 또한 인터넷 시대의 기업은 고객에게 어떻게 접근하고 어떤 서비스를 제공해야 하는지에 대한 자포스의 세계관을 짧지만 명확하게 보여주는 말이다.

21세기 기업에게 있어 무엇보다 중요한 것은 높은 투명성이다.

인터넷이 사람들의 일상생활에 깊숙이 침투해감에 따라, 기업이 제공하는 상품과 서비스뿐만 아니라 기업의 존재 방식도 일반 소비자의 눈에 환히 보이게 되었다.

소비자가 상품이나 서비스에 대해 갖는 가치와 이미지를 브랜드라고 한다. 오늘날의 기업들은 인터넷이 이룩한 투명성 때문에 더 이상 기업 이미지와 브랜드를 거짓으로 꾸며내거나 숨길 수 없다. 제조업이든 유통업이든 서비스업이든, 기업과 브랜드가 일치할 때 고객 충성도가 높아지는 시대가 도래한 것이다.

기업의 상품이나 서비스 또는 기업 자체에 불만을 가진 사람이 불만사항을 인터넷에 올리면 순식간에 수백, 수천의 사람들에게 퍼져 나간다. 불만사항을 올리는 사람은 단지 고객만이 아니다. 그 기업의 직원이 불만을 토로할 수도 있다. 그런 위험성을 간직한 세상이다. 기업이 철저하게 비밀을 지키기 위해 그 어떤 엄격한 정책을 만든다고 해도, 세상을 향해 열려 있는 인터넷을 막을 수는 없다.

그러므로 기업들은 기업, 직원, 브랜드가 삼위일체가 되는 문화를 구축해야 한다. 그렇게 된다면 언제나 일관성 있는 브랜드를 제공할 수 있다. 자포스는 그것을 목표로 하고 있는 것이다.

마케팅 활동을 바라보는 시각도 자포스는 남다르다. 자포스는 미디어 중심이 아닌 사람 중심의 마케팅 활동을 지지한다.

광고 위주의 마케팅은 어떤 미디어에 얼마만큼 광고를 집행하고 어떤 메시지를 전할 것인가에 기업의 초점이 모아진다. 그러나 자포스는 고객이나 직원, 즉 사람이 미디어라고 생각한다. 기업의 가장 귀중한 자산인 '사람'을 어떻게 활용해야 하는지를 연구한다.

이러한 자포스의 관점은 고객의 충성도를 높여 입소문 마케팅을 이끌었고, 직원의 연대감을 강화시켜 자발적으로 브랜드 전도사가 되게 하였다. 고객에게 감동 서비스를 제공하는 것, 그리고 직원의 행복을 추구하는 경영의 철저함은 둘 다 막대한 비용을 필요로 한다. 하지만 대중매체에 막대한 광고를 집행하는 기업과 비교했을 때 큰 차이는 없다.

사람에게 쓴 비용의 투자수익율은 측정이 불가능하다고 지적하는 사람도 있다. 그러나 대중매체에 들인 광고비의 투자수익율, 즉 광고 효과도 과학적인 방법으로 정확히 측정하기 어렵다. 대중매체에 막대한 광고비를 쓰는 회사도 있지만, 자포스처럼 사람에 투자하는 회사도 있다. 그들과 자포스는 사고방식이 다른 것이다.

인터넷 시대의 마케팅에서는 '사람' 또한 하나의 매체다. 자포스는 이 점을 확실히 알았고 그것을 실천에 옮기고 있다. 자포스는 기존 기업과는 근본적으로 다른 세계관을 가지고, 새로운 경영 교과서를 쓰기 시작한 것이다.

Part. 5

세계 최고의
감동 서비스를 향해

The
Zappos
Miracles

아마존,
자포스에서 답을 찾다

2009년 7월 22일 오후, '아마존, 온라인 신발업체 자포스 인수'라는 뉴스가 보도되기 무섭게 온갖 추측과 억측이 인터넷을 장악해 버렸다. 미국 유통업계 관계자에 따르면, 온라인 쇼핑몰뿐만 아니라 유통시장 전반의 흐름을 바꾸는 정말 충격적인 사건이었다.

잘 알다시피 아마존은 도서 온라인 쇼핑몰로 시작해 비약적인 성장을 이룬 기업이다. 도서 쇼핑몰로 만족하지 못한 아마존은 그간의 성장을 바탕으로 거대한 종합 쇼핑몰로 한 단계 도약하기 위해 각 분야의 탄탄한 쇼핑몰들을 인수해왔다. 아마존이 인수 자금으로 자포스에 지불한 돈은 12억 달러! 아마존이 이전에 다른 기업들을 인수할 때 지불했던 금액보다 훨씬 많은 최고가였기에 그 충격은 더욱 클 수밖에 없었다.

극히 일부를 제외한 미국 마케팅 전문가들은 이 인수를 '강자가 약자를 먹어치운 것'이라는 보통의 인수 합병 관점으로 보지 않았다. 오히려 온라인의 왕이며 그 어느 기업도 맞수가 되지 않던 아마존이 드디어 '물건 판매업자에서 서비스 컴퍼니'로 도약하기 위해, 가장 만만치 않은 적수인 자포스를 아군으로 만들었다고 여기는 분위기다. 자포스만의 통찰력과 예지능력을 아마존의 것으로 만들기 위한 수순을 밟았다고 해석하며, 아마존 CEO인 제프 베조스의 전략적 수완을 높이 평가했다.

아마존과 자포스는 둘 다 '최고의 고객 감동 서비스'를 목표로 한 기업이다. 아마존은 최신의 IT 기술을 구사하여 고객 만족을 자동화하려 한 반면, 자포스는 사람과 IT의 강점을 모두 동원해 고객에게 최고의 감동을 경험하게 하려 했다.

이처럼 '고객 감동'에 접근하는 두 기업의 방식은 매우 달랐다. 두 기업을 오랫동안 비교 관찰하면서 나는 인터넷 시대의 고객 감동 서비스라는 측면에서 봤을 때 아마존을 이길 수 있는 기업은 자포스밖에 없다는 결론을 이미 내렸었다.

자포스는 '기업문화야말로 가장 강력한 브랜드이며 최고의 경쟁 우위를 점한다.'라고 믿는 기업이므로, 자신들의 최대 자산인 '사람'에게 막대한 비용을 투자한다. 고객에게 최고의 감동 서비스를 제공하기 위해 콜 스크립트는 물론 통화 시간의 제한도 없애는 등 기존 콜센터의 상식을 완벽하게 깬 컨택센터를 24시간 풀가동한다. 고객을 감동시키는 일이라면 무엇이든 해도 좋은 권한을 컨택센터 직원들에게 주고, 막대한 권한을 부여받은 직원들은 고객들에게 결코 잊을 수 없는 감동적인 서비스를 제공하기 위해 각자 창의력을 발휘하고 있다.

자포스의 서비스 핵심인 컨택센터의 전화번호를 눈에 잘 보이도록 사이트의 모든 페이지에 노출시키는 것도 이런 이유 때문이다. 아마존이 자사 콜센터 전화번호를 되도록 노출시키기 않기 위해 많은 애를 썼던 것과는 대조적인 모습이다.

이렇게 상반된 두 회사가 손을 잡았다. 물론 정확한 표현은 아마존이 자포스를 인수한 것이다.

자포스 CEO 토니 셰이는 7월 22일자 CEO 레터에서 인수에 대한 전망을 다음과 같이 밝혔다.

- 이것은 자포스의 브랜드와 문화가 더욱 성장해나갈 계기가 될 것입니다.
- 아마존은 우리의 독특한 문화와 비전을 계속해서 지원할 것입니다.
- 아마존의 장점 중 하나는 그들이 우리처럼 장기적인 안목을 갖고 있다는 것입니다. 자포스는 자포스의 핵심가치를, 아마존은 아마존의 핵심가치를 갖고 갈 것입니다.

아마존의 CEO 제프 베조스 또한 자포스 직원들에게 보내는 영상 메시지를 통해, 자포스가 추구하는 최상의 고객 감동에 대해 뜨거운 찬사를 보내며, 이 가치를 무엇보다 중요하게 여겨온 두 기업이 손을 맞잡고 나아가면서 더 큰 성장을 이룩하자며 높은 기대감을 표시했다.

이번 인수는 기존의 그것과는 상당히 다르다. 아마존이 자포스를 인수하는 것이지만, 자포스 브랜드는 아마존에 통합되지 않고 그대로 유지된다. 경영진도 기존 그대로이고, 독립된 사업단위로서 계속 운영해 나간다고 밝혔다. 물론, 자포스 문화와 서비스 정책도 기존 그대로 유지할 것이라고 강조했다.

자포스는 아마존을 이기지 못해 인수된 것이 아니다. 오히려 그 반대이다. 자포스가 창립 이래 10년에 걸쳐서 키워온 '최상의 고객 감동 서비스'에 관한 노하우를 자포스로부터 배우고 받아들여 더 큰 기업을 만들기 위한 아마존의 결단이었다.

미국의 저명한 마케팅 혁명가 세스 고딘(Seth Godin)은 자신의 블로그에 〈자포스를 인수하면 무엇이 따라오나?〉라는 제목의 글에서 이런 의견을 내놓았다.

> "아마존이 12억 달러라는 거금을 주고 자포스를 인수한 것은 세계 유일의 기업문화, 고객과의 강한 유대관계, 탁월한 비즈니스 모델, 전설적인 서비스, 리더십 등 자포스만이 갖고 있는 무형의 자산을 취득하기 위한 비용을 지불한 것이다."
>
> – 세스 고딘. 마케팅 혁명가

아마존은 연 매출 190억 달러가 넘는 인터넷 비즈니스계의 왕이

다. 반면, 자포스는 창업 10년째인 2008년의 연 매출이 10억 달러
였다. 아마존에 비하면 1/20밖에 되지 않지만 자포스는 다른 사람
과 기업들은 쉽게 납득할 수 없는 대단한 힘을 가지고 있다.

인터넷 시대가 열리고 10여 년이 흘렀다. 그동안 기술은 비약적
으로 발전해왔으나, 그 또한 한계에 부딪히고 있다. 어떻게 하면
최상의 고객 감동 서비스를 창출할 수 있을까? 이것이 수많은 인
터넷 비즈니스 기업들의 공통된 고민이었다. 그 열쇠는 바로 '사람'
이었다. 아마존은 그 답을 자포스에서 찾은 것이다.

최고의 서비스는
사람에게서 나온다

1990년대 초반부터 2000년대 초반에 걸쳐, 미국 비즈니스계의 공통된 화두는 '고객주도형'이었다. 미국의 저명한 IT 컨설턴트 패트리샤 세이볼드(Patricia Seybold)는 저서 《외부혁신(Outside Innovation)》에서, 인터넷의 보급으로 힘을 가지게 된 개인 고객을 제대로 대응할 수 없는 기업은 사라질 뿐이라고 주장했다.

그 후로 수년이 흐른 지금, 사람들은 인터넷을 통해 국경과 신분, 인종과 직업, 빈부 격차 등 모든 것을 초월해 마음만 먹으면 모든 사람들과 네트워크를 형성하고 정보를 주고받을 수 있게 되었다. 개인의 힘이 점점 강해진다는 것은 고객의 힘도 강해진다는 것을 의미한다. 각 기업들은 개인 고객의 욕구에 부합하는 상품이나 서비스를 개발하고, 고객의 아이디어를 받아들인 상품을 만들고 있다. 고객이 참여하는 콘텐츠를 활용해 광고를 제작하고 그것을 마케팅에 활용하기도 한다.

이렇듯 개인의 힘이 커지면서 고객주도형 마케팅이 활성화되었다. 그러나 인터넷의 보급과 더불어 커지는 개인의 힘을 논할 때, 많은 기업들이 간과하는 것이 있다. 그것은 바로 '개인의 힘'은 고객과 더불어 '그 외의 사람'에게도 존재한다는 사실이다. 기업에게 있어 사람은 가장 큰 자산이고, 그 사람들 중에서도 고객 이상으로 중요한 사람이 바로 직원들이다. 그러나 아직도 많은 기업들은 직원들이 가지고 있는 개인의 힘을 제대로 활용하지 못하고 있다.

광고가 만들어낸 이미지의 허상

나는 얼마 전, 이미지와 현실의 간극을 실감하는 경험을 했다. 미국에서 꽤 알려진 패스트푸드점이 새로 출시한 아침 메뉴를 알리기 위해 내보낸 광고를 보았다. 젊은 연인이 등장하는 광고였는데 남자가 "내일 아침은 침대에서 먹는 게 어때?"라고 물으면 "당신이 사다 준다면 난 무조건 좋지."라고 여자가 사랑스럽게 대답하는, 참으로 로맨틱한 광고였다.

며칠이 지난 뒤, 난 광고에서 보았던 그 메뉴를 사기 위해 근처 패스트푸드점을 찾았다. 평소 패스트푸드를 좋아하지 않았지만, 광고에서 본 로맨틱함과 강렬한 이미지를 잊지 못했기 때문이다.

그러나 이내 실망하고 말았다. 점원에게 추천 메뉴를 부탁했지만, 그녀는 무표정한 얼굴로 벽에 붙은 메뉴판을 가리킬 뿐이었다. 혼자였지만 맛있고 로맨틱한 아침 식사를 기대했던 나는 어쩔 수 없이 메뉴판에서 가장 눈에 띄는 것을 주문해서 대충 먹었다. 나의 실망감은 기업이 광고를 통해 고객에게 약속한 것이 무참히 깨지면서 생긴 것이다. 기업들은 이런 식으로 종종 고객을 상대로 '약속 깨기'를 한다.

과대 포장된 광고가 아님에도, 기업이 광고를 통해 만든 이미지와 고객이 경험하는 현실 사이에 간극이 생긴다면, 이유의 대부분은 '직원'에게 있다.

앞에서 말한 패스트푸드점의 광고는 가족의 소중함, 향수, 즐거움 등을 보여주고 있다. 그러나 실제로 매장을 방문해보면 무뚝뚝하고 불친절한 모습으로 고객을 대하는 직원만 있을 뿐, 즐거움은 존재하지 않는다.

그렇다고 직원만을 탓할 수는 없다. 지금까지 많은 기업들의 존재 방식과 서비스 공간의 존재 방식이, 직원의 개성 또는 개인의 힘을 제대로 표현하지 못하도록 억압한 측면이 많기 때문이다. 직원은 근무시간 중에는 '개인으로서의 나'를 잊고, 회사라는 가면을 쓰도록 교육받았다. 비용 효율화라는 명목하에 매뉴얼대로 움직이고 획일화된 행동을 하도록 요구받아온 것이다.

그러나 앞으로는 직원의 개성과 개인의 힘을 살리지 않고서는 기업 간의 경쟁에서 이길 수 없다. 아니, 살아남는 것조차 불가능한 시대가 되었다. 패스트푸드라고 해서 신속함과 저렴한 가격, 보통의 맛 정도로는 차별화될 수 없는 시대가 된 것이다.

진심으로 고객의 마음을 잡고 싶다면, 고객으로 하여금 '마음에서 우러나는 감동'을 경험하게 해야 한다. 이런 감동을 전하느냐 아니냐는 현장에서 고객과 직접 만나는 직원에게 달려 있다.

서비스 컴퍼니만이 살아남는 시대

기업의 가치창출의 원인이 유형의 제품에서 무형의 서비스로 옮겨간 경제 현상을 '서비스 경제화 현상'이라고 한다. 이러한 서비스 경제화는 소비자의 다양해진 욕구와 급속한 기술의 발달로 더욱 촉진되었다. 또한 이것은 서비스 산업만이 아닌 모든 생산 활동에서도 서비스가 매우 중요한 시대가 되었음을 상기시킨다.

고객이 원하는 제품을 생산하고 판매하는 기업들이 경쟁업체보다 우위에 서서 고객을 확보하기 위해서는 단순히 제품을 만들어 파는 것만이 아닌, 그에 부가되는 서비스들을 얼마나 제대로 제공하느냐가 매우 중요하게 된 것이다.

서비스 경제화 현상이 진행되면서, 스스로를 '서비스 컴퍼니'라고 부르는 기업이 주목을 받기 시작했다. 자포스 또한 스스로를 '서비스 컴퍼니'라고 부르는 대표적인 기업이다. 이것은 시대의 요구에 부응한 용기 있는 선언이다.

서비스 컴퍼니란, 단순히 서비스를 업으로 하는 기업을 뜻하는 것은 아니다. 오히려, 서비스를 통한 가치 창조를 본업으로 삼는다. 같은 서비스업이라도 단순히 업무로서 서비스를 제공하는 회사는 서비스 컴퍼니가 아니다. 서비스를 통해서 고객에게 가치 있는 체험을 제공하고, 서비스를 판매하는 기업이 진짜 서비스 컴퍼니이다.

서비스 경제화 현상에서는 업계나 업종에 관계없이 모든 기업이 서비스 컴퍼니가 될 수 있다. 만약 어떤 고객이 A라는 상품과 B라는 서비스를 구매하려고 할 경우, 그것들을 판매하는 상점은 아주 많다. 그러나 이 고객은 여러 상점 중에서 늘 C라는 곳에만 간다. 고객이 C라는 상점에만 가는 이유는 무엇일까?

단순하다. 그 가게에 가면 왠지 모르게 기분이 좋기 때문이다. 이왕이면 그 사람한테 사고 싶기 때문이다. 이러한 감정적인 따뜻함에 사로잡혀 고객들은 같은 가게나 같은 인터넷 사이트를 방문하고 그곳에서 상품을 구입하는 것이다.

나도 물건을 사거나 서비스를 구매할 때 '나를 기분 좋게 맞아주는 상점이 어디였더라?' '그곳에 가면 내가 찾는 좋은 물건이 있을 거야!' 같은 생각을 미리 떠올린다.

예를 들어, 세탁소라면 골목마다 하나씩 있을 만큼 많은데 왜 항상 가는 곳에만 가게 되는 것일까? 왜 나는 그 상점의 단골손님이 된 것일까? 여러 가지 천이나 원단의 취급방법을 잘 알고 있기 때문이기도 하지만, 제일 먼저 떠오르는 것은 친절한 주인의 미소나 전에 들렀을 때 주고받은 대화 때문이다.

물론 가격이 아주 비싸다면 얘기는 달라진다. 그러나 주위에 가격이 조금 더 싼 가게가 새로 생겼다고 해서 단골가게를 바꾸는 것은 쉬운 일이 아니다. 사람의 가치관 가운데는 '마음의 편안함'이란 감정가치가 '가격의 저렴함'이란 가격가치를 상회하고 있기 때문이다.

서비스 경제화 현상은 고객과 기업이 상호 접촉하면서 생겨난다. 그러므로 감정가치의 중요성은 날로 높아지고 있다. 고객은 '무엇을 살까?' 보다는 '어디서 어떻게 살까?'를 더 고민한다는 것이다. 기업이 고객에게 주는 감정가치의 제공은, 하면 할수록 유리해지는 보너스 포인트가 아니라, 고객의 지지를 얻고 살아남기 위한 필요충분조건이 되었다.

직원이 회사의 브랜드다

기존의 브랜드는 '만들어진' 브랜드였다. 마케팅 부서가 고객의 주목을 끌기 위해 멋지고 향수를 불러일으킬 만한 것을 만들어낸다. 그런 것들이 모여 브랜드라는 우상이 되었다. 개방이 덜 된 사회에서는 기업이 만든 우상을 고객들이 곧이곧대로 수용하고 믿었지만, 그런 방식으로 만든 브랜드는 기업의 실체와는 전혀 다른 것이었다.

그러나 인터넷이 가져온 투명성은 기업의 브랜드 존재 방식을 뿌리째 흔들어버렸다. 고객이나 직원이 한 사람이라도 입을 열면 그 기업에 대한 평가가 눈 깜짝할 사이에 인터넷을 떠돌아다니면서 수백, 수천 명에게 전달된다.

2006년 미국에서 실제 일어났던 이야기가 있다. 미국 케이블 TV 회사인 콤캐스트의 기사 한 명이 케이블 선을 수리하기 위해 고객의 집을 방문했다. 그런데 어느 순간 졸기 시작하던 기사가 고객의 소파에서 잠이 들어버린 것이다. 고객은 이 황당한 상황을 동영상으로 촬영해 유투브에 올렸다. 그리고 이 동영상은 일주일 동안 23만 번 이상의 조회수를 기록했다.

콤캐스트의 입장에서 보면, 일일이 체크하기 어려운 기술자 한 명이 일으킨 불상사일 수 있다. 그러나 고객은 그렇게 생각하지 않는다. 기술자를 고용한 기업을 '부주의한 회사'라고 평가한다. 기술자는 개인에 불과하지만 고객의 집에서 일은 안 하고 자버리는 그런 아마추어적인 태도는 콤캐스트를 불성실한 회사로 인식시켜버린다. 이 일화는 고객을 직접 만나는 직원은 개인이 아니라 한 기업을 대표하는 '얼굴'이라는 사실을 명확하게 보여주는 좋은 예이다.

인터넷이 보급되기 전에는 요구사항이나 불만사항이 있을 때 고객이 직접 방문하거나 전화를 걸어 개선해달라고 요구했다. 그러나 인터넷의 보급과 기술의 발전 덕분에 고객과 직원들, 즉 사람들은 자신의 개성과 파워를 표현하기 쉬워졌다. 네트워크를 이용한

의사소통도 활발해졌다. 이 결과 인터넷은 단순한 의사소통과 정보 전달의 도구가 아닌 브랜드 그 자체가 되어가고 있다. 고객과 인터넷의 만남이 기업의 새로운 이미지와 가치를 창출하고 있는 것이다.

소셜 미디어를 활용한 고객 서비스

콤캐스트의 일화는 인터넷을 통해서 기업의 악평이 어떻게 활화산 같은 기세로 퍼져나가는지를 잘 보여주고 있다. 그러나 요즘 같은 인터넷 시대에 개인들의 네트워크 역량과 자기표현의 힘은 사용하기에 따라 기업에게 좋은 무기가 될 수도 있다.

인터넷과 휴대전화, PDA와 넷북 등이 보급되면서 고객들은 언제 어디서나 원하기만 하면 서로 접촉이 가능하게 되었다. 가족이나 친구, 동료뿐만이 아니다. 상품과 서비스의 제공자인 기업과도 접촉이 가능하다.

미국의 선진적인 기업은 이미 인터넷과 휴대 단말기를 이용해서 고객과 언제라도 연결할 수 있는 관계망을 만들어가고 있다. 블로그, SNS(Social Network Service), 트위터 등 인터넷상에는 다양한 툴이 넘쳐나고 있다. 인터넷상의 이러한 툴은 기존의 대중 미디어 매체를 통한 광고나 홍보활동과는 다른 이점을 제공해준다. 기업과 고객이 한 테이블에 둘러앉아 동등한 입장에서 대화하는 것이 가능해진 것이다.

예를 들어 자포스는 모든 종류의 소셜 미디어를 활용하고 있다. 특히, 트위터를 통한 뜨거운 반응은 말 그대로 광적이다. 500명이 넘는 자포스 직원들이 자포니언으로서 트위터를 사용하고 있다. 그뿐만이 아니라 CEO 토니 셰이를 팔로우하는 사람은 2010년 6월 말 현재 170만 명을 넘었다.

자포스가 모든 소셜 미디어를 적극 활용하는 이유는 인터넷을 통해 자포스와 고객이 직접 연결될 수 있기 때문이다. 고객의 생활 한가운데 언제나 자포스가 함께하는 상황을 만들기 위해서다. 또한 자포스에 대한 고객의 충성도를 높일 수 있기도 하다.

인터넷은 직원과 직원도 연결시킨다. 이런 장치 덕분에 동료애를 더 쌓을 수도 있고, 서로에 대한 신뢰도 높일 수 있다. 더불어 자포니언으로서의 자부심도 높여준다.

고객과 단골가게의 주인은 얼굴을 맞대고 의사소통을 하는 관계다. 인터넷을 투명하게 운영한다면, 기업과 고객의 관계 역시 안면 있는 사이로 발전할 수 있다.

자포스와 고객은 단순한 판매자와 구매자의 관계가 아니다. 고객은 트위터를 통해 CEO 토니 셰이의 신변잡기적인 일상을 낱낱이 알 수 있다. 토니가 가장 좋아하는 음식이 피자라는 것, 그가 때때로 늦잠을 자서 비행기를 놓친다는 것까지. 고객은 그의 일상을 매 순간 보면서 웃고 즐거워하고 그와 같은 생각을 하기도 한다. 이런

관계가 형성되면 고객들은 단순히 자포스에서 물건을 사는 것이
아니라, 토니의 가게에서 물건을 산다고 착각하게 된다.

이처럼 자포스는 고객과 친밀하면서도 감정적인 관계를 구축하
려고 부단히 노력해왔고 앞으로도 그럴 것이다.

직원의 개성을 살린다

인터넷상에서 고객과 직원의 개성, 그리고 개인의 힘을 인정하고
맘껏 표현할 수 있도록 하기 위해서는 전제조건이 필요하다. 그 전
제조건 없이 다른 기업들이 그렇게 하니까 우리도 뒤처질 수 없다는
생각에 무작정 따라 한다면, 생각지도 못한 부작용이 따를 것이다.

자포스는 그 전제조건을 '기업문화 창출'로 보았다. 기업문화는
기업의 뜻이나 가치관이라고도 할 수 있다. 우리 회사의 존재 의미
는 무엇일까? 사회에 어떤 공헌을 해야 하는 것일까? 이것들에 대
한 정의가 명확하고 기업과 직원 그리고 고객 모두가 그것을 깊이
이해하고 있어야 한다.

자포스는 고객에게 최상의 감동 서비스를 제공하는 것을 가치관
으로 삼는다. 자포니언들 모두는 이 가치관을 공유하고 인터넷을
통해 직원들끼리, 그리고 고객과 공유한다.

투명성, 평등한 관계, 정보 공유, 개성을 존중하는 자포스의 기업
문화와 인터넷의 특성이 일치하기 때문에 인터넷을 통해 직원 한

사람 한 사람이 자신의 개성이나 감성을 자유롭게 표현해도 자포스라는 브랜드가 무너지는 일은 없을 것이다. 컨택센터에는 매뉴얼도 없고, 고객 응대에 많은 시간을 들여도 결과적으로 그것이 고객을 만족시키는 일이라면 문책을 받기는커녕 칭찬받는다. 가령 규칙을 어겨도 정당한 이유가 있으면 징계를 받거나 해고되는 일은 없다.

자포스는 회사 브랜드를 보다 풍부하게, 보다 다면적으로 표현할 수 있는 장치를 갖추고 있다. 직원들이 회사의 가치관에 동의하고, 자신이 회사의 가상 열렬한 팬이라는 것을 인터넷으로 고객에게 활발히 전달하는 것은 인터넷 시대에 안성맞춤인 가장 뛰어난 브랜딩 캠페인이다.

기업이 이런 활동을 격려하고 장려하기 위해서는 우선 서로에 대한 믿음이 있어야 한다. 자포스에는 인터넷에 올릴 글과 올려서는 안 되는 글, 해야 할 일과 해서는 안 되는 일 등에 대한 방침도 없다. 다만, 직원들이 가슴에 늘 새겨야 하는 가치, 문화, 사고방식, 규범 등을 공유하고 그것을 생활에서 꽃피우게 할 뿐이다.

직원이 '우리 회사는 나와 직원들을 신뢰한다.'는 자신감을 갖게 되면, 인터넷에 글을 올릴 때도 자연스럽게 긍지와 보람을 표현하게 된다. 자포니언들은 이것을 몸소 보여주고 있다. 그들이 인터넷에 올리는 글에는 자신감과 보람이 넘친다. 일반 직원과 임원진 모두 그렇다.

직원·고객·회사가
다 함께 행복한 길을 찾다

경제전문지 〈포춘〉은 1998년부터 매년 '가장 일하기 좋은 100대 기업'을 선정해 발표한다. 자포스는 2009년 이 랭킹에 처음 등장하자마자 23위를 기록했으며, 2010년에는 15위로 껑충 뛰어올랐다. 기업문화를 중시하고 독특하게 기업을 경영한 점에 업계와 언론이 주목하면서 일하기 좋은 기업으로 선정된 것이다.

그렇다면 일하기 좋은 기업이란 어떤 조건을 갖춰야 할까?

일하기 좋은 기업에 대한 이야기를 하기에 앞서, 먼저 이야기하고 싶은 것이 있다. 직원들이 일에서 얻는 보람이 회사의 성장과 큰 연관이 있다는 것이다. 1998년도에 '가장 일하기 좋은 100대 기업'에 선정된 기업들의 주식 상황을 8년간 추적 조사한 결과를 보면, 미국의 대표적인 주가지수인 스탠더드 & 푸어스(Standard Poors)보다 월등히 높은 것을 알 수 있다.

일하기 좋은 기업은 임직원들 간에 두터운 신뢰가 형성되어 있으며, 자신들이 하는 일에 강한 자부심을 가지고 있다. 또한 직원들이 재미나게 일한다. 이런 기업에는 우수한 인재들이 많이 모일 뿐아니라, 이직률이 낮고 생산성은 높으며 늘 새로운 것을 추구한다. 그리고 무엇보다 고객의 충성도가 높다. '가장 일하기 좋은 기업'은 말 그대로 '좋은 것만 모인 곳'인 셈이다.

제조, 소매, 정보 서비스, 금융 등 업계를 불문하고 일하기 좋은 기업의 대부분은 직원 만족과 고객 만족, 그리고 기업의 업적이라는 3가지 요소의 균형을 추구하고 있다. 직원, 고객, 회사라는 삼자가 하나라도 불균형하거나 손해를 보는 것이 아닌, 균형 잡힌 '정삼각형의 관계'를 그리는 것이다.

직원도 행복하고 고객도 행복하고 회사도 행복하려면 가장 먼저직원이 행복해야 한다. 제임스 헤스켓(James heskett) 교수가 《직원을 고객처럼, 고객을 직원처럼(원제; Value Profit Chain)》에서 주장한 것처럼, 기업가치의 향상은 우선 직원의 만족과 행복에서 시작한다.

직원이 행복하면 고객도 행복하다

요즘 젊은 세대는 자아실현을 무척 중요하게 여긴다. 이는 비단미국에만 한정된 것이 아니다. 한국이나 일본의 젊은이들도 마찬가지다.

공업 경제 시대에는 기업이 직원을 단순한 노동력으로 여겼었다. 특히 생산 현장에서 일하는 직원들은 부지런히 손발을 움직여 가능한 한 많은 작업을 해야 했다. 그것이 회사의 최대 관심사였기 때문이다. 직원의 개성과 감성이나 사고능력 등 노동력 이외의 것은 회사의 관심 밖이었다.

그러나 시대는 변했다. 서비스 경제화 시대에는 단순한 노동력이 아닌, 그 사람만의 개성이나 독자적인 능력이 더욱 중요하다. 따라서 직원이 자신의 개성을 맘껏 발휘할 수 있도록 장려하고 격려하는 기업이 강해질 수밖에 없다.

기업은 직원 개인의 자아실현을 지원하는 환경을 만들어주지 않으면 안 된다. 회사가 지향하는 목표와 직원 자신의 목표가 일치해야 한다. 이 회사에서 일하는 것이 나의 발전을 위해서도 좋고 회사에도 공헌할 수 있다고 직원이 생각할 수 있는 여건을 만들 때, 그 기업은 지속적으로 성장하게 될 것이다. 개인의 비전과 회사의 비전이 일치하기 시작하면, 회사는 힘을 발휘할 수 있게 되는 것이다.

대부분의 사람들은 하루의 반 이상을 회사에서 보낸다. '회사는 월급을 받는 곳'이라고만 생각한다면 자신의 업무에 애정을 가질 수 없다. 애정 없는 일에 열정을 쏟기란 어려운 법이다. 애정과 열정 없는 일을 반복하는 것은 로봇과 같은 삶이다.

반대로, 회사에 공헌하면서 나 자신도 성장할 수 있다는 믿음이 생기면 일 자체도 행복해진다. 직원이 행복하면 고객도 행복해진다. 직원이 행복하지 않으면 고객이 행복과 감동을 느낄 수 없다. 직원과 고객을 행복하게 하는 기업이야말로 행복한 기업이며, 서비스 경제화 시대에 탁월한 경쟁력을 갖춘 기업이 될 것이다.

그러나 여기서 한 가지 명심할 것이 있다. 기업은 직원의 행복 추구를 장려하고 격려해야 하지만, 직원들 또한 그 자신이 어느 기업에 소속될 것인지를 신중하게 선택해야 한다. 대기업이기 때문에, 월급이 높기 때문에, 유명한 회사니까, 폼 날 것 같은 일이니까 등 겉으로 보이는 기준으로만 선택할 것이 아니라, 자기 자신의 가치관과 맞고 일의 보람을 느낄 수 있는 회사를 선택해야 한다.

불황을 극복하는 신뢰의 힘

2009년 2월 미국 여론조사회사인 갤럽이 '불황기에는 직원의 애사심이 기업의 명암을 가른다.'라는 주제의 보고서를 발표했다.

경제가 좋을 때는 회사에 대한 충성도가 낮더라도 기업의 생존에 나쁜 영향을 주지 않는다. 느긋하게 움직여도 웬만한 성과는 올릴 수 있기 때문이다. 그러나 불황기에는 회사에 대한 충성도를 높이거나 최소한 낮아지지 않도록 노력해야 한다. 불황기에 직원의 충성도가 낮아지는 것은 기업의 생존과 발전에 큰 장애가 될 수 있기 때문이다.

극단적인 이야기로, 경기가 좋아 회사가 돈을 벌고 있을 때에는 직원을 '돈'으로 붙잡을 수 있다. 그러나 불황기에는 그것이 어렵다. 월급을 올리기는커녕 줄이지 않으면 안 되는 상황이 올 수도 있다. 그럴 때 회사의 단결을 유지하는 힘은 바로 직원들의 애사심, 그리고 '이 회사와 함께 성장해갈 수 있다.'는 희망이다.

평소 직원의 회사 충성도를 높이기 위해 다방면으로 노력한 기업이라도 불황기에는 마음의 여유가 없어져버리는 경우가 종종 있다. 그래서 경영자는 직원에게 고맙다는 말을 잘 안 하게 된다. 막상 매출이 감소하면 고마운 생각이 들지 않기 때문이다.

그러나 진짜 불황일 때야말로, 직원의 회사 충성도를 높이기 위해 더욱 노력해야 한다. 직원을 위해 거창한 행사를 열거나 돈이 들어가는 일을 하라는 것이 아니다. 그저 "항상 열심히 일해줘서 고맙습니다."라는 말 한마디가 더 좋을 수 있다. "지금은 많이 힘들지만 모두가 힘을 합해 불황을 극복해나가자."는 한마디 말이 직원들의 마음에 큰 힘이 되어주는 것이다.

2001년 9·11 테러 후, 미국 항공업계는 사상 최악의 곤경에 빠졌었다. 많은 항공사들이 경비 절감을 위해 정리해고를 단행했다. 그러나 사우스웨스트항공은 정리해고를 하지 않았다. 창업자인 허브 켈러허와 경영진들이 기업문화를 파괴하지 않는 것을 최우선의 목표로 삼았기 때문이다. 해고를 하지 않겠다는 회사의 발표에 직원들은 자발적으로 130만 달러의 임금을 삭감하겠다며 화답했다. 결과적으로, 사우스웨스트항공은 정리해고를 하지 않고 운행 편수를 줄이지 않았음에도 미국 대기업 항공사 가운데 유일하게 2001년 흑자를 낸 기업이 되었다.

이것은 불황을 돌파하는 데 직원의 힘이 얼마나 중요한지를 보여주는 대표적인 사례이다. 이 일화 가운데서 무엇보다 두드러진 것은, 사우스웨스트항공 경영진의 자세이다. 직원을 중요하게 여기는 경영자의 마음이 직원의 마음을 움직이게 했고, 결국 회사의 결속을 보다 견고하게 한 것이다.

큰 회사보다는 특별한 회사를

자포스는 '온라인에서 신발을 파는 평범한 회사'에서 '유일무이한 서비스 컴퍼니'로 훌륭하게 비상했다. 세계 제일의 고객 서비스를 추구하는 자포스의 가치관에 열광적으로 찬성하는 사람들이 모여, 같은 목표를 향해 정열을 다해 일했다. 타사와의 비교나 추월을 허락하지 않는 '유일무이한 서비스 컴퍼니'가 되었고, 매해 100% 이상씩 성장하는 기업이 된 것이다.

남들도 다 하는 평범한 서비스가 아니라 그 수준을 월등히 뛰어넘는 서비스를 제공하기 위해서는, 눈에 보이지 않지만 무척 중요한 요소인 '사람의 힘'이 필요하다. 만약 기업이 상대해야 할 100명의 고객이 있다면, 고객을 응대하는 그 상황에는 100가지 이상의 시나리오와 100가지 이상의 감정이 존재할 것이다. 그것에 맞춰 감동을 창출하기 위해서는 직원의 감수성이나 지능, 창의력이 어떻게든 필요하다.

엄밀히 말하면, 자포스가 파는 것은 서비스가 아니라 서비스 문화이고, 그것을 구성하는 사람은 직원들이다. 고객에게 제공되는 가치는 최상의 감동 서비스이지만, 그 배경에는 서비스를 만드는 직원이 있고, 그 근본에는 직원의 사고방식을 지지하는 자포스의 문화가 있다.

대기업은 체계적인 시스템이나 광고 등을 동원해서 대대적인 공세를 펼친다. 하지만 소기업과 중소기업도 직원을 비밀병기로 다듬어서 대기업에 충분히 대항할 수 있다.

그것은 다른 회사와의 비교를 허락하지 않는 회사가 된다는 의미도 된다. 매출 규모나 시장 점유율 측면에서 중소기업은 대기업과 맞대결하기에는 역부족이다. 그러나 '큰 것이 좋은 것이다.'라는 규모지상주의 시대는 끝났다. 이제부터는 공동체의 가치가 무엇보다 중요한 시대가 되었다. 작은 기업이라도, 고객 한 사람 한 사람의 마음속에 특별한 회사로 각인될 수 있다.

사람의 힘은 '1+1=2'라는 단순한 수식이 아니다. 개인과 개인의 긍정적인 상승효과는 몇십 배, 몇백 배의 성과를 만드는 폭발적인 위력을 가지고 있다. 미국을 대표하는 경영전략가 게리 하멜(Gary Hamel)은 "차세대의 경영은 기업의 인간화이다."라고 말했다.

고객은 인간의 얼굴을 한 기업을 원한다. 상품을 고객에게 판매하는 것은 기계가 아닌 사람이다. 기업이 직원 개개인의 독자성, 창의력, 정열을 지렛대로 삼아 유일무이한 기업으로 도약할 수 있다는 것을 자포스는 제대로 보여주고 있다.

서비스 경제화 시대의 가속화, 인터넷의 보급 증가, 비약적으로 확대되는 개인의 힘! 자포스는 이러한 세상의 변화를 실로 민감하게 포착했고 그것을 실현시킬 수 있는 장치를 만들어냈다. 그 장치는 어려운 것이 아니었다. 단순 명쾌하다. 하고자 하는 강한 의지와 믿음만 있으면, 규모나 업종을 불문하고 어떤 기업이라도 실현할 수 있다. 막대한 자금을 투자할 필요도, 천재나 수재를 고용할 필요도 없다. 그저 평범한 사람들이 모여, 결속력 강한 공동체를 형성하면 가능한 것이다. 그것이 자포스가 만든 장치의 핵심이다.

Part. 6

일하기 좋은 기업을
위한 5가지 질문

The
Zappos
Miracles

성장하기 시작한 회사, 어디에 초점을 맞출 것인가

어른이 되면 뭐가 되고 싶어?

자포스를 설립하고 얼마 되지 않았을 때의 일이다. 자포스 창립 멤버들이 모인 비공식적인 자리에서 토니 셰이는 "어른이 되면 뭐가 될래?"라는 질문을 던졌다. 신발 온라인 판매업자로서 천천히 궤도에 진입하기 시작한 자포스를 아장아장 걷기 시작한 아이에 비유하고, 자포스의 비전이나 존재의식을 재점검하기 위해 그런 질문을 했던 것이다.

당시 자포스의 비전은 세계 최대의 신발 온라인 판매 기업이 되는 것이었다. 회사가 점차 성장하면서 지금 그대로의 비전을 가지고 회사를 운영해나갈 것인가, 아니면 좀 더 큰 무한대의 가능성과 비전을 가질 것인가, 그리고 어떤 미래를 향해 나갈 것인가를 고민해야 할 중요한 시점에 다다랐던 것이다.

"단순히 인터넷으로 신발을 파는 일만으로는 돈을 벌더라도 지루하고 재미없을 것 같지 않아요? 좀 더 나아가, 최고의 서비스를 제공하는 회사가 됩시다!"

모임에 나온 멤버들은 자포스의 발전적인 비전에 다 같이 동의했다. 그 자리는 자포스의 운명을 새롭게 바꾸는 획기적인 자리였다.

그때까지 자포스는 취급 상품 모두를 물류센터에 보관하지 않았다. 상품의 일부는 자포스 물류센터에 보관하다가 주문이 들어오면 배송을 했고, 일부 상품은 제조업체에서 직접 고객에서 발송하는 '생산자 직송(Drop Ship)'의 형태를 취하고 있었다.

새로운 비전을 확립한 뒤 자포스는 배송 방식을 바꾸었다. 모든 상품을 자포스 물류센터에서 배송하기로 한 것이다. 주문량의 1/3 정도를 제조업체에서 직접 배송하는 시스템을 포기하는 것이 그리 쉬운 결정은 아니었다. 보관비용과 배송비용, 그에 따른 인건비 상승 등 고려해야 할 점들이 많았지만, 자포스는 고객에게 최고의 서비스를 제공하기 위해 과감한 결단을 내렸다.

컨택센터를 외주로 운영하지 않고 자포스 내부에서 직접 운영하기 시작한 것이나, 컨택센터 직원의 인사와 채용을 전부 사내 인사팀에서 담당하게 된 것도 고객에게 최고의 서비스를 제공하겠다는 자포스의 비전이 있었기 때문에 가능했다. 또한 그 비전이 있었기 때문에 자포스의 가치와 문화를 만들 때 '서비스 문화'가 최우선이 될 수 있었다.

그날 그 자리에서 토니가 "어른이 되면 뭐가 되고 싶어?"라고 묻지 않았다면, 그리고 새로운 비전을 정하지 않았다면, 자포스의 기적 같은 신화는 존재하지 않았을지도 모른다.

흔히 하기 쉬운 실수들

회사가 부화기를 지나서 허물을 벗고 하늘로 날아오르려고 할 때, 경영자는 매일매일 새로운 난제를 만난다. 눈앞의 문제를 해결하는 데만 집중하다 보면 어느새 장기적인 전망을 놓치게 되는 일도 허다하다.

창업을 할 때는 아무도 '기업문화'를 거론하지 않는다. 매일매일 또는 매월의 매출과 성장이 중요하지, 기업문화 따위가 중요한 것이 아니라고 생각하기 때문이다.

대부분의 회사는 가족, 또는 마음이 잘 통하는 친구나 지인이 모여서 만든다. 그들 사이에는 공통의 전망과 가치관, 라이프스타일이 존재한다. 아침부터 밤까지 삼시 세끼를 같이하고 미래의 꿈을 공유한다.

그러나 사업이 궤도에 올라 성장하기 시작하고 주변에서 그런 변화를 주목할 즈음이 되면 경영하는 사람의 마음은 여러 면에서 조급해진다. 회사의 성장에 기여하는 인재를 한시라도 빨리 고용해야 한다는 생각에, 많은 경험이 축적되어 있고 실무에 바로 투입할 만한 사람들을 차례로 채용하기 시작한다. 새 직원의 가치관이 회사가 지향해온 가치관과 다르더라도 살짝 눈을 감는다. 그러면서 경력이나 학력에 의존한 채용이 점점 증가한다. 새 직원이 될 사람의 성향이나 기본적인 소양을 가릴 여유가 없다고 생각하기 때문이다.

회사가 더 성장해서, 언론에서까지 다루는 등 인지도가 높아지면 자발적으로 구직 신청을 하는 사람들이 많아진다. 그런 사람 중에는 회사의 비전이나 문화에 공감해서 이후 회사 발전에 원동력이 되는 경우도 있지만, 유명한 회사에서 많은 월급 받고 일하면서 자신의 사회적 지위를 높이는 것에만 관심을 가지는 사람들도 꽤 있다.

회사가 성장할수록 생각할 겨를이 없을 만큼 바빠지는 것은 당연하다. 그렇다고 해서 정말 중요한 문제들에 대해 생각하지 않는다면, 더 큰 기업으로 성장하는 데 있어 큰 걸림돌이 될 것이다. 그 순간의 딜레마를 어떻게 극복하느냐에 따라 기업의 장래는 분명 달라진다. 바쁠수록, 또 여유가 없을수록 "조금만 천천히 갑시다. 조금만 기다려주세요."라고 말할 수 있는 경영자가 회사를 더욱 성장시킬 수 있다.

급할수록 천천히 가기

짐 콜린스가 초우량기업들을 연구해서 그들의 성공 비밀을 규명

한 책 《좋은 기업을 넘어 위대한 기업으로(원제; Good to Great)》를 보면 '먼저, 적절한 인재를 버스에 태워라!'라는 말이 나온다. 대부분의 평범한 기업과 사람은 목적을 먼저 정하고 나서, 그 목적을 수행할 인재를 찾는 경향이 많다고 한다. 그러나 위대한 경영자는 그것과는 정반대로, '적절한' 인재를 버스에 먼저 태우고 나서 목적지를 정한다고 한다. 이것은 기업이 가진 최대의 경영 자본은 직원이라는 철저한 인재주의에서 나온 것이다.

그럼, 여기서 말하는 '적절한' 인재란 무엇을 의미하는 것일까? 기업의 이념과 문화에 공감하고 그것을 지지하는 사람일 것이다. 앞에서 언급한 '버스'의 예에 견주어보자. 만일 지도를 볼 줄 알거나 운전을 할 수 있는 등 목적지에 도달하기 위한 기술이 있더라도 '함께 여행하는 이유'에 동의하지 않거나 '서로 도움을 주며 여행하는 것을 즐긴다.'는 풍토에 융화될 수 없는 인물이 있다면, 결과적으로는 조직의 목적 도달을 방해하는 꼴이 된다.

노하우와 기술은 가르치면 되고 경험도 시간이 지나면 쌓이지만, 기업문화나 가치관은 가르친다고 해서 누구나 자기 것으로 받아들일 수 있는 것이 아니다. 직원의 개성을 중시하는 기업의 경영자는 이 원칙을 잘 알고 있다. 그렇기 때문에 기업문화나 가치관을 반영시킨 인사 프로세스를 구축하고 채용에 세심한 주의를 기울이는 것이다.

세상에 무수히 많은 예를 보더라도, 급성장한 기업은 다양한 함정에 빠질 위험이 있다. 눈앞의 문제에만 대처하다가 기업의 존재 의의를 잊어버리거나, 조직 내 공석이 생겼을 때 조급한 마음으로 그 자리를 메우고자 경험이나 노하우에만 초점을 맞춰 직원을 채용하는 것 등이 그런 함정이다.

회사에 어떠한 시스템과 장치를 갖춰놓고 나서 그다음에 기업문화 구축에 힘을 쏟고자 한다면, 그건 이미 때를 놓치는 것이다. 회사가 급성장할 때야말로, 한발 뒤로 물러나 기업문화를 정의하고 육성해야 한다. 그렇게 해야 회사의 기반이 더욱 견고해진다. 이것은 경영 교과서에 나오는 진부한 교훈이 아니라, 자포스가 우리에게 알려주는 산 교훈이다.

꼭 지켜야 할 소중한
가치가 무엇인가

기업문화의 필요성

어느 회사나 자기만의 문화를 가지고 있지만, 그것이 다 좋은 문화는 아니다. 고객과 눈을 마주치지 않는 점원, 정리가 잘 되어 있지 않은 가게, 그리고 고객의 불만사항을 대수롭지 않게 여기는 가게가 있다고 가정해보자. 이 모습은 모두 그 가게의 문화를 반영한 행동들이다. 고객을 무시하고 책임을 회피하는 문화는 그 어떤 회사도 성장시키지 못한다.

기업문화가 경쟁력을 갖기 위해서는 창업 멤버나 경영진들이 심사숙고해서 정립해야 한다. 남의 문화를 뿌리째 이식해서 도입할 성질의 것은 아니다. 오히려 조직 내부에 존재하던 것들 중에서 마음에 드는 사고방식과 자세, 행동 양태의 근본을 찾아내고, 그것에 집중적으로 물을 주어 자라게 하는 노력이 필요하다.

자포스를 예로 들어 말하자면, 이 '근본을 찾는' 작업이 바로 핵심가치의 정의였던 것이다. 회사 조직이 '당연한 일'이라고 여기는 문화적 특성을 발굴하고, 직원 전원이 공유할 수 있도록 하는 것이 기업문화 정립의 최종 목적이다.

핵심가치 정립하기

핵심가치의 정립은 대부분 기업의 설립자나 최고 경영자에 의해서 먼저 실천되는 경우가 많다. 핵심가치 정립을 위한 프로젝트 팀을 꾸려서 그 요소들을 만들게 하고 대내외적으로 공표할 것이 아니라, 경영자가 자신의 기업에 맞는 그리고 그 기업이 기존에 가지고 있던 것 중에서 뽑아낼 만한 핵심가치들을 하나하나 심사숙고해서 만들어가는 것이 바람직하다.

매우 민주적이고 평등한 관계를 추구하는 자포스에서도 핵심가치의 원안은 CEO인 토니 셰이가 만들었다. 그는 창립 이후 6년 동안 자포스를 성공으로 이끌었던 문화적 특성은 무엇인가를 골똘히 생각했고, 그 결과 37개의 핵심가치를 뽑아냈다.

37개의 핵심가치를 추린 토니 셰이는 그것을 공식화하기 이전에 직원들의 의견을 들었다. 그는 외형상 민주적 절차를 갖추기 위해서 직원들의 피드백을 구한 것이 아니었다. 자신이 추린 핵심가치들이 실천 가능한 것인지, 자포스의 현실에 맞는 것인지, CEO 혼

자만 좋다고 여기는 것은 아닌지를 직원들에게 물어보고 판단하려 했던 것이다.

앞에서 이미 다루었지만, 자포스는 핵심가치의 정립을 위해 토니가 메일로 발의를 하고 전 직원에게 피드백을 받아 문서화하기까지 1년이 걸렸다. 당시 자포스는 직원이 100명을 살짝 웃도는 정도였기 때문에 전 직원을 이 프로세스에 참여시키는 것이 가능했다. 그런 면에서 직원이 수백 명 또는 수천 명이 넘는 대기업에서 핵심가치를 정립하거나 재정립할 때, 전 직원을 참여시키는 것은 어려울 뿐 아니라 불필요할지도 모른다.

그러나 대기업이든 중소기업이든 회사의 규모에 상관없이 핵심가치를 정립하는 일은 매우 중요하다. 특히, 직원 수가 100여 명쯤된다면 반드시 해야 할 일이라고 생각한다. 회사의 규모가 작거나 직원 수가 많지 않을 때는 CEO가 직원과 얼굴을 맞대고 기업문화를 이야기하는 것이 가능하다. 그러나 100명 이상의 기업이 되면, 개인적인 접촉은 어려워진다.

또, 인사 정책을 비롯한 모든 업무를 제도화할 필요가 있다. 이지점이 바로 핵심가치의 정립이 필요한 때인 것이다.

핵심가치는 살아 숨 쉬는 것

직원들의 동의와 지지를 받은 핵심가치가 정립되었다면, 그다음은 그것이 회사 조직과 회사의 일상적인 일들에 영향력을 행사할 수 있도록 해야 한다. 이것은 규칙과 프로세스 등 하드웨어적인 측면과 공통 언어나 이벤트 등의 소프트웨어적인 측면의 쌍방향으로 접근해야 한다.

예를 들면, 핵심가치를 문서화하고 그것을 인사 정책에 적용하기 위해 보관하는 것은 하드웨어적인 측면에 속한다. 자포스처럼 기업문화를 중요하게 여기는 대부분의 기업에서는 신입사원이 오리엔테이션 첫날에 서명하는 서류들 중에 핵심가치 문서가 포함되어 있다. 이 서류에 신입사원 당사자와 인사 담당자, 또는 소속 부서 책임자가 서명한 뒤, 신입사원이 자신의 파일에 보관한다. 좀 더 구체적인 이야기는 뒤에서 하겠지만, 인재 모집이나 선발, 채용, 트레이닝, 업무평가의 장치에도 핵심가치가 녹아들어 있다.

뿐만 아니라 사내 업무 환경도 핵심가치에 많은 영향을 받는다. 사무 공간의 인테리어, 직원들의 복장 등은 물론이고 직원들의 전체적인 분위기까지 모두 영향을 받는다.

직원들의 개성을 중시하는 기업은 모든 곳에서 핵심가치가 살아 움직인다. 핵심가치에 근거한 행동은 강제로 만들어지는 것이 아니라, 각각의 직원들 내부에서 자연스럽게 솟구쳐 나온다. 핵심가치를 정립하는 것은 계획되고 의도된 것이지만, 핵심가치의 존재는 공기처럼 항상 우리와 공존하고 없어서는 안 되는 중요한 요소가 된다.

핵심가치가 직원 한 사람 한 사람의 생각과 행동에 녹아들게 하려면 어떻게 해야 할까? 이것이 바로 핵심가치를 정립하려는 기업이 맞닥뜨리는 가장 큰 과제이다.

이 기업들의 궁극적인 목표는 일상 안에 핵심가치가 녹아들어, 서비스 현장에서 문제 상황에 대처하고 전략이나 방침을 세울 때 합리적인 판단의 척도로 사용하는 것이다. 이것은 한 개인의 주관적인 판단에 회사의 의사 결정을 맡기지 않겠다는 뜻이기도 하다.

어느 기업이든 한 사람의 주관과 판단에 좌지우지되어서는 안 된다. 또한 조직에 속한 사람들 간에는 의견이 맞지 않아 충돌하는 일도 종종 일어난다. 이때, 핵심가치는 단순히 개인의 주관이나 의견, 판단이 아닌 그 기업의 가치와 문화에 입각한 명확한 판단 기준을 제공해준다.

회사에 꼭 필요한 인재는
어떻게 뽑을 것인가

기업문화와 맞는 사람을 골라라

예전에는 대부분의 기업들이 직원을 채용할 때, 구직자의 능력이나 경험을 가장 중요한 채용 요소로 여겼었다. 이것은 직원을 단지 노동력으로만 간주해서 생산력을 갖춘 사람을 찾았기 때문이다. 그러나 시대와 기업 환경이 바뀌면서 기업의 문화에 맞는 인재의 중요성이 점차 설득력을 얻고 있다.

자포스의 채용 기준을 보면, 자포스 문화에 맞는지의 여부가 능력이나 경력보다 우위에 있다. 자포스 문화에 근거한 현재의 채용 정책이 확립되기 이전부터 CEO 토니 셰이는 기업문화에 맞는 인재의 중요성을 강조해왔다.

지원자의 인생 목표와 가치관이 조직의 비전과 문화에 적합한지 아닌지는 매우 중요한 문제다. 사람은 단순한 노동력이 아니다. 각

개인의 성품이나 상상력, 표현력, 감성 등은 조직에 생기를 불어넣어주고 조직을 풍부하게 해주는 보물과도 같은 것이다. 그러므로 직원을 채용할 때 지원자가 기업문화와 맞을지를 잘 판단하고 고려해야 한다. 그렇다고 해서 능력이나 경험이 중요하지 않다는 말은 아니다. 가장 이상적인 것은 능력과 경험도 좋고 기업문화에도 맞는 직원을 채용하는 것이다.

만약 능력과 경험은 다소 떨어지지만 기업문화와 잘 맞는 지원자라면, 채용 이후 가르쳐서 성장할 수 있도록 도와주면 된다. 그러나 능력이나 경험은 뛰어나더라도 기업문화와 맞지 않는 지원자라면 채용은 보류해야 한다. 기업문화와 가치를 가르치는 일은 말처럼 쉬운 일이 아니다. 이런 사람은 채용이 되더라도 그 조직에서 오래 일하지 않을 뿐만 아니라, 주변 분위기를 오염시키고 팀에 불화를 가져올 가능성이 크다.

자포스는 능력과 경험을 평가하는 1차 면접과 자포스의 기업문화 적성도를 평가하는 2차 면접의 두 가지 방식으로 면접을 진행한다. 지원자의 경력이 제아무리 탁월해도 자포스 문화에 적합하지 않다고 판단되면 그 사람은 불합격 판정을 받는다. 반대로, 능력이나 경험이 다소 뒤처지더라도 자포스 문화에 매우 적합하다고 판단되는 지원자라면 그 사람이 성과를 낼 수 있는 부서나 역할이 있는지 검토한다.

채용에서부터 기업문화와 핵심가치를 철저하게 지켰기 때문에 자포스가 오늘날 견고한 문화를 가진 기업, 직원의 개성이 살아 숨쉬는 일터, 직원이 보람을 느끼면서 일할 수 있는 기업이라는 극찬을 받게 된 것이다.

기업문화를 강하게 드러내라

자신들의 기업문화에 맞는 인재를 채용하기 위해서는 어떻게 해야 할까? 자신들의 기업문화와 가치에 맞지 않는 지원자를 확실히 가려내려면 어떻게 해야 할까?

자포스는 지원자와의 첫 대면에서, 자포스의 기업문화나 핵심 가치를 하나하나 차례로 강렬하게 표현함으로써, 지원자가 스스로 '과연 내가 이 회사와 맞을까?'라는 질문을 하게 한다.

회사 설명회나 채용 설명회 그리고 면접 일정 중 하나인 본사 견학 프로그램은 지원자들에게 자포스 기업문화에 대한 강렬한 인상을 심어준다.

마음껏 개성을 살린 직원들과 사무 공간, 처음 만나는 지원자들을 향한 뜨겁고도 열렬한 환영 분위기 등 자포스는 다른 회사와는 비교할 수 없는 창의력과 활기, 즐거움으로 가득 차 있다. 이런 것들을 통해 지원자는 자포스가 평범한 회사가 아니라는 걸 느끼게 된다.

그리고 십자말풀이 게임과 미로 찾기 게임, 익살맞고 재치 넘치는 일러스트가 곳곳에 그려져 있는 채용 신청서도 미묘한 느낌에 괴상한 회사라는 것을 매우 잘 보여준다.

"당신의 테마송은 무엇입니까?" "만화 캐릭터들 중에서 자신과 비슷한 캐릭터를 골라보세요." 등 예상치 못한 질문들은 지원자의 긴장을 부드럽게 풀어주는 동시에, 자포스의 핵심가치 중 하나인 '재미와 약간의 괴팍함을 추구하자.'를 교묘히 표현한 것이라고 말할 수 있다.

보통 다른 회사에서는 컨택센터와 사무직 희망자 또는 관련 부서 지원자에 한해 타이핑 속도를 측정하거나 웹 서핑을 하게 하는 등 업무와 관련된 테스트를 한다. 하지만 자포스에서는 모든 지원자가 이 테스트를 거쳐야 한다. 임원급을 채용할 때도 마찬가지다. 역할과 직종에 관계없이 채용 테스트에 동일한 항목을 넣은 것은 자포스의 핵심가치 중 하나인 '겸허함'을 알아보기 위한 것이라고 한다.

이와 같은 테스트에 대한 지원자들의 반응을 보면서 자포스 문화에 적합한지 아닌지를 판단할 수 있다고 한다. '내가 왜 이런 초보적인 테스트를 받아야 하지?'라고 불쾌한 기미를 보이는 사람은 평등한 조직을 지향하고 겸손을 중시하는 자포스의 핵심가치와는 맞지 않기 때문이다.

엉뚱한 문화나 기발한 문화만이 좋은 문화는 아니지만, 다른 회사에서 당연하지 않다고 여기는 것을 당연하게 받아들이는 문화야말로 '독창성'으로 발전하고 회사의 강점이 된다. 다양한 기업이 있듯이 기업문화 역시 다양하다. 또한 저마다의 기업에는 각각의 기업문화가 존재하고 그것을 표현하는 저마다의 방식이 있다.

훌륭한 인재 채용과 기업문화, 그리고 문화의 표현 방식이 어떠한 연관성을 가지며 왜 중요한지를 잘 나타내는 일화가 있다. 리츠칼튼호텔의 일본 지사장인 다카노 노보루가 직접 겪은 일화라고 한다. 리츠칼튼호텔은 라이브 피아노 연주가 흐르는 그랜드볼룸 연회장에서 면접을 실시한다. 그리고 이때는 고위 관리직 직원이 웨이터 복장을 하고 지원자들에게 음료를 제공한다. 그날은 다카노 지사장도 면접에 참석하게 되었는데, 고위 관리직 직원이 직접 서비스하는 광경을 본 몇몇 지원자가 '이런 분위기는 나와는 맞지 않아!' 하며 겁에 질려 돌아가버렸다고 한다.

인터뷰 기술을 개발하라

앞에서 언급했듯이, 자포스는 지원자의 능력과 경험을 평가하는 1차 면접과 자포스 문화 적성도를 평가하는 2차 면접을 실시한다. 2차 면접에는 각 핵심가치에 대한 지원자의 적성을 측정하는 몇 가지의 질문이 준비되어 있다. 면접관은 각 질문마다 지원자의 답을 듣고 점수를 주는데, 각 질문에 대한 총합 점수를 산출하는 장치 또한 정교하게 만들었다.

예를 들어, '재미와 약간의 괴팍함을 추구하자.'라는 세 번째 핵심 가치에 대해 "당신은 스스로 생각할 때 얼마만큼 특이합니까? 1부터 10까지의 숫자로 평가해주세요."라는 질문을 던진다. 이는 지원자가 주위 분위기나 정답에 자신을 맞추지 않고, 자신만의 개성과 특별함을 자유롭게 표현하고 있는지를 판단하기 위한 질문이다.

또한, 지원자의 일에 대한 사고방식을 측정하기 위한 질문도 준비되어 있다. 이상적인 직장 생활, 일과 사생활의 관계에 대해 묻는 15개의 문장 중에서, 자신의 생각에 가장 가깝다고 생각되는 것 5개를 선택한다. 이 15개의 문장은 월급을 받기 위한 직장(Job), 최고의 경력을 쌓기 위한 직장(Career), 천직이 되어줄 직장(Calling)이라는 3가지 카테고리로 분류되어 있다. 면접관은 지원자가 선택한 답을 가지고, 지원자가 품고 있는 '일과 사생활의 이상적인 관계'에 대해 추측할 수 있다고 한다.

자포스가 바라는 것은 최고의 경력이나 천직을 위해 일을 구하는 인재라고 한다. 단순히 돈을 벌기 위해 일하고 싶은 사람은 '자포스적 인재'가 될 수 없다. '자아실현의 목표'와 '일하는 의미'가 합치하는 사람이야말로 자신의 잠재된 능력을 최고치로 끌어올릴 수 있기 때문이다.

지원자의 '일'에 대한 가치관을 끌어내기 위해 자포스처럼 문서화되어 있는 질문을 하는 것도 좋지만, 그렇지 못한 상황이라면 일이나 직장에 기대하는 것이 무엇인지 묻는 것도 좋은 방법이다.

내가 경영하는 컨설팅 회사는 면접과 채용 후에 꼭 묻는 것이 있다. "당신은 5년 후에 어떤 사람이 되고 싶은가?" "10년 후에는 무엇을 달성하고 싶은가?" 등 장래의 목표에 대해 묻고 그 질문에 대답하게 함으로써, 회사가 기대하고 있는 것이 지원자 또는 직원 자신의 장기적인 목표와 일치하는지, 또는 지원자가 일에 대해서 장기적인 전망을 가지고 있는 사람인지를 판단한다.

실무 투입 전에 다시 한번 걸러내라

한 조사에 의하면, 직원 한 사람의 퇴사가 기업에 주는 경제적인 손실은, 그 사원의 연봉의 절반 또는 최고 4배에 이른다고 한다. 그렇기 때문에 체계적인 채용 프로세스를 통해 적합한 인재를 선발하는 것이 무엇보다 중요하다. 그러나 채용 과정에서 이것이 다 충족되는 것은 아니기 때문에, 그다음 대책이 필요한 것이다. 신입사원 트레이닝 프로그램을 통해서 부적합한 직원을 조기에 발견, 조취를 취해야 그나마 회사에 손실이 덜 간다.

자포스처럼 기업문화에 적합한 인재를 찾는 채용 프로세스를 갖추고 있다 하더라도, 사실 가치관이 맞지 않는 사람이 채용의 그물을 가뿐히 통과하는 경우가 있다. 입사 직후 4주간의 트레이닝은 신입사원에게 자포스 문화를 심어주고, 한 사람의 당당한 자포니언으로 만드는 기회가 되기도 하지만, 한편으로는 자포스 문화에 맞지 않는 사람을 한 번 더 걸러내는 여과 장치가 되기도 한다.

CEO 토니 셰이도 말했듯이, 채용 프로세스에서 100% 적중률을 가지는 것은 무리일 것이다. 시간이 걸리더라도 신중히 고용하고, 부적합이라고 판단되면 가능한 한 빨리 단념하는 것이 기업이나 구직자 둘 다를 위해 좋은 일이다.

자포스의 '사퇴 보너스'는 바로 이런 사고방식에 근거한 정책이다. 입사를 했더라도 실제 업무에 들어가기 전, '이곳이 진정으로 내가 일하고 싶은 회사인가?'라고 자문자답함으로써, 더 늦기 전에 스스로 퇴사를 결정하게 하기도 하고, 일에 대한 결의를 다지게 하기도 한다. 그리고 최고의 경력이나 천직을 위한 일이 아니라 단순히 월급만을 받기 위해 자포스에서 일하려는 사람에게는 3,000달러를 지불해서라도 즉시 그만두게 하는 편이 회사를 위한 것이라고 믿는 것이다. 기업의 문화와 가치관에서 벗어난 직원의 행동이나 말은 기업의 브랜드에 치명적인 영향을 주기도 하고, 고객과의 연대관계를 악화시킴으로써 고객 충성도에 큰 위험을 줄 수 있기 때문이다.

직원들을 어떻게
하나로 모을 것인가

공동체의 일원임을 알게 하라

자포스, 리츠칼튼호텔, 월트디즈니, 컨테이너스토어 등 탁월한 기업문화를 가진 기업은 임원과 일반 직원들 모두가 같은 트레이닝에 참가한다. 이들 기업에 있어서 오리엔테이션과 트레이닝은 기능적 숙련도를 높이기 위함이 아니라, 회사 전체의 공통 문화에 신입사원을 투입해, 그것에 준한 사고나 행동을 철저히 내재화시키기 위한 것이다.

자포스에서는 배치된 부서에 관계없이 신입사원이라면 누구나 컨택센터에서 2주간 트레이닝을 받아야 한다. 언뜻 보면 이것은 전화 응대나 고객 응대라는 특수한 능력을 가르치기 위한 것처럼 생각된다. 그러나 자포스의 컨택센터 트레이닝은 자포스가 기본 이념으로 삼는 최상의 고객 감동 서비스의 본질을 가르치기 위한 것이다. 자포스에서 '고객 서비스'는 단순히 해당 부서에서만 행해지는 것이 아니라, 회사의 존재의의 그 자체이기 때문에 자포니언으로서 이것을 경험하지 않으면 안 되는 것이다.

직원 전체가 공통의 오리엔테이션과 트레이닝 프로그램을 경험하는 것은, 수평적인 회사를 만들고 부서 간의 협업을 촉진하는 데도 긍정적인 영향을 준다. 예를 들어, 시스템 개발자로 근무하게 될 직원이 컨택센터의 트레이닝에 참가하면 뜻밖의 아이디어를 찾아낼 수 있다. 대부분의 프로그래머는 소프트웨어를 개발할 뿐, 사용자의 눈으로 그 시스템을 볼 기회가 적다. 그러나 컨택센터에서 전화를 받고 실제 유저 인터페이스를 사용해보면, 어떤 점이 불편한지 또는 어떻게 해야 더 사용하기 편리한지 등, 프로그래머의 눈으로는 생각하지 못했던 개선점을 찾아낼 수 있다.

또한 여러 부서의 사람이 오리엔테이션과 트레이닝에 함께 참여하기 때문에 동료 간의 연대의식과 소속감도 더 강화된다. 입사 후 곧바로 각자의 부서에 배치되어 업무 지도를 받는 조직이라면, 같은 회사 사람이라도 다른 부서의 사람과는 교류가 적어지고 잘 알지 못하게 된다. 입사 직후 오리엔테이션과 트레이닝을 함께 함으로써 부서를 초월하는 교류가 생겨나, 의견 교환이나 협력이 수월해진다는 장점도 있다.

자포스에서는 직원들이 자발적으로 하는 공연 등을 통해 핵심가치가 재미있고 유머러스하게 표현되기도 한다. 강의를 한다거나 독서토론을 개최하는 것뿐만 아니라, 게임이나 토론을 통해서 각자가 회사의 핵심가치를 '내 것'으로 만들 수 있도록 세심하게 주의를 기울여주고 있다. 이것은 신입사원이 트레이닝을 마치고 각 부서에 배치되어 실무에 임하게 된 후에도, 핵심가치를 돌아보고 스스로의 행동을 판단, 평가하는 습관을 들이도록 도와준다.

신입사원의 적응을 도와라

자포스의 컨택센터에는 신입사원이 잘 적응할 수 있도록 도와주는 '멘토'와 '엠버서더'를 신입사원 한 사람 한 사람에게 지정해주는 제도가 있다.

멘토는 컨택센터에 처음 배치된 신입사원이 고객과 전화를 주고받는 것을 옆에서 들으면서 보다 자포스적인 전화 응대는 어떤 것인지를 가르쳐주는 사람이다.

그리고 엠버서더란 신입사원의 좋은 상담자로서 매우 가까운 사람이 되어 모르는 것에 답을 주거나 고민을 들어주는 등 신입사원이 한시라도 빨리 회사에 적응할 수 있도록 도와주는 사람을 지칭한다.

멘토나 엠버서더는 직책이 아닌, 신입사원과 책상을 나란히 하고 일하는 컨택센터의 동료이다. 조직에 속한 사람들은 누구나 신입사원 시절을 겪는다. 새로운 회사에 들어가면 신입사원들은 주위

를 관찰하고 주위 사람들의 이야기에 귀를 기울인다. 그 회사만의
방식과 문화를 배우기 위해서다. 그 회사만의 방식을 배우는 것은,
한 개인이 회사라는 공동체의 일원으로서 성과를 발휘하기 위해서
는 필요 불가결한 것이다. 업무에 필요한 기술이나 지식을 몸에 익
히는 것만으로는 충분하지 않다.

　보통 다른 기업에서는 신입사원이 스스로 배워가거나, 언니(또는
형님) 기질이 있는 사람과 식사나 술자리를 함께하며 회사의 방식
을 배운다. 그리고 그 방식을 배워나가는 시간에는 개인차가 존재
한다. 어떤 사람은 빨리 배우고 적응하지만 어떤 사람은 1년이 걸
리기도 한다.

　자포스는 이것을 기업문화 강화를 위한 정식 장치로 제도화한 것
이다. 이런 장치들은 신입사원이 한시라도 빨리 회사 문화에 적응
하고 최대한 빨리 자립할 수 있도록 도와준다. 또한 이것은 자포스
의 핵심가치 중 하나인 '확고한 팀워크와 가족애를 갖자.'를 촉진하
기 위한 것이기도 하다.

진심으로 배려하라

　자포스의 신입사원 트레이닝 첫날은 회사 임원과 각 부서의 부서
장들이 함께하는 오리엔테이션으로 시작된다. 이 자리에서 임원과
부서장들은 4주에 걸친 엄격한 트레이닝에 도전하게 될 신입사원

들을 위해 회사를 대표해 환영과 격려의 메시지를 전한다.

4주 트레이닝이 끝나면 수료증을 받는 '졸업식'과 트레이닝을 마친 신입사원들이 스스로 기획한 '퍼레이드'가 열린다. 자신들이 직접 만든 '자포스 노래'를 부르고 깃발을 흔들면서 우렁차게 행진을 하거나, 제 나름대로의 방식으로 사내를 천천히 행진하는 퍼레이드의 행렬에 직원 모두가 주목하면서 박수를 보내 응원한다.

직원의 개성을 중시하는 기업 자포스답게 입사 첫날이 신입사원에게 '잊기 힘든 이벤트'가 되도록 배려하는 것이다.

한때 '경험경제'나 '감정가치 마케팅' 등이 유행했었다. 이것은 단순히 고객 체험만을 지향하는 말은 아니다.

사람(고객)과 사람(종업원) 사이에서 생기는 리얼한 서비스 상호작용, 그리고 거기에서 발생하는 감동의 질은 계속해서 점점 높은 수준을 요구한다. 이런 관점에서 볼 때, 직원을 감동시키지 못하는 회사의 미래는 없다. 감동이 없는 직원이 고객을 감동시키는 것은 매우 어려운 일이기 때문이다.

직원에게 감동의 씨앗을 심어주기에 가장 좋은 타이밍은 바로 입사 당일이다. 신입사원들은 누구나 새로운 직장에 대한 기대와 긴장으로 가슴이 부풀어 있다. 그런데 대부분의 회사는 이 감동의 꽃봉오리를 너무나도 빨리 시들어버리게 한다. 회사의 이념과 존재 의의, 각자가 일을 통해서 달성해야 할 높은 목표에 대해서 말하는 것이 아니라, 회사의 규칙을 설명하거나 서류에 서명하도록 하는 등 매우 사무적이고 딱딱한 분위기를 연출하는 경우가 많다.

반대로, 기업문화를 중요시하고 직원의 행복을 소중하게 생각하는 기업은 입사 첫날부터 직원의 감동 체험에 많은 공을 들인다. 그럼으로써 '나도 이제 이 회사의 일원이다.'라는 소속감에 불을 붙이고 의욕을 불러일으킨다.

리츠칼튼호텔은 신입사원 트레이닝 때 한 사람 한 사람의 입맛에 맞는 식사를 제공한다. 사전에 무슨 음식을 좋아하는지 물어보고 직원을 감동시키기 위해 준비하는 것이다. 또 사우스웨스트항공은 선배 직원들이 첫 출근하는 신입사원들을 재치 있고 기발하게 장식한 데스크로 맞이하는 것이 첫 환영 인사이다. 풍선 같은 것으로 환영 이벤트 분위기를 연출하는 것은 물론이고, 부서에 따라서 독창적인 방식으로 환영 준비를 한다.

신입사원을 환영할 때 큰돈을 들일 필요는 없다. 첫 출근에 맞춰서 책상 주변을 깨끗하게 정리하는 등 간단한 것이라도 좋다. 볼펜이나 형광펜 등 기본적인 사무용품을 미리 준비해주고, 책상 앞의 보드에 있던 불필요한 게시물을 제거함으로써 깨끗한 환경을 마련해주면 된다. 컴퓨터 메모리는 충분한지, 프린터는 제대로 연결되어 있는지, 개인 휴지통은 마련되어 있는지 등 새로 일하게 될 사람에 대한 작은 배려의 마음만 있으면 된다. 이것은 신입사원으로 하여금 '회사가 나를 소중히 여긴다.'는 마음을 갖게 하고, 그 마음은 일할 의욕에 뜨거운 불을 붙이는 중요한 매개체가 될 것이다.

계속 성장하기 위해
무엇을 할 것인가

80 대 20의 법칙을 깨뜨려라

비즈니스에서 흔히 거론되는 80 대 20의 법칙! 매출의 80%는 20%의 고객에게서 나온다는 것인데, 이것은 조직 행동학에서도 마찬가지로 쓰인다. 회사 업적의 80%는 20%의 뛰어난 직원에게서 나온다고 알려져 있다.

재미있는 것은 자연계에서도 이 법칙이 통용된다는 것이다. 개미나 벌의 집단서식지를 관찰해보면, 20%의 부지런한 그룹과 그외 80%의 보통이거나 게으른 그룹으로 나뉜다. 놀라운 것은, 게으름뱅이들을 집단서식지에서 배제해 전체 그룹의 수준이 높아지더라도, 일정 시간이 지나면 그 집단 안에서 새로운 게으름뱅이들이 생겨난다고 한다.

80 대 20의 법칙을 자연의 섭리로 간주하고 순응하면 어쩔 수 없

는 노릇이지만, 직원의 개성을 중시하고 개인의 힘을 믿는 기업은 조직 행동학에 있는 80 대 20 법칙에 과감히 도전하고 그것을 깨기 위해 부단한 노력을 한다. 그런 기업에서는 직원 한 사람 한 사람이 진정한 주인공이기 때문이다.

기업문화에 관해서도 마찬가지다. 직원 각자가 기업문화의 담당자임을 자각하고, 자신의 행동과 말이 기업문화에 큰 영향을 끼친다는 것을 명심하고 있기 때문이다.

이런 기업의 직원들은 회사에게 공짜를 기대하지 않는다. 회사가 자신에게 무엇을 해주기를 기대하기보다는, 자신이 회사에 어떻게 공헌할 수 있는지를 늘 생각한다. 이것이 직원들의 개성을 중시하고 개인의 힘을 믿는 기업의 근본적인 강점이다.

또한 이런 기업들은 경영진과 일반 직원 모두 '열정을 쏟는 일'이라는 가치관을 공유하고 있다. 직장이나 일을 '단순한 수입원'으로 보는 사람은 채용 프로세스를 통해 조기에 퇴출당한다. 이런 기업은 '한 사람(직원)은 모두(회사)를 위해 있고, 모두(회사)는 한 사람(직원)을 위해 존재한다'는 공동체 의식으로 엮여 있다. 직원은 회사의 성장을 위해 최선을 다하고, 회사 또한 직원의 성장을 위해 최선을 다한다. 회사와 함께 성장하고, 회사와 함께 풍성해진다. 직원과 회사가 강한 신뢰관계로 묶여 있다.

배우는 조직을 만들어라

자포스의 다섯 번째 핵심가치인 '성장과 배움을 추구하자.'에 맞게, 자포스는 말 그대로 배우는 기업이다. 그간 기업 컨설팅을 하며 많은 기업을 봐왔지만, 자포스만큼 적극적이고 구체적으로 배움을 독려하는 회사는 거의 본 적이 없다.

월트디즈니나 제너럴일렉트릭처럼 엄청난 투자를 해서 대학을 소유하고, 직원은 물론 일반인에게도 교육 프로그램을 제공하는 기업은 많다. 그러나 모든 직원에게 '언제든지, 어디까지라도' 배울 수 있는 기회를 제공하고 있다는 점에서 자포스의 교육정책은 매우 신선한 충격이다.

자포스 본사의 로비에는 자포스 도서관이라 불리는 책장이 있다. 그곳에는 CEO 토니를 비롯한 최고 경영진이 직원들에게 추천하는 책이 가지런히 꽂혀 있다. 그리고 이 책들은 누구든지 원하는 만큼 가져가서 읽을 수 있다. 게다가 도서관이라는 명칭이 붙기는 했지만, 대출하는 것이 아니라 가지고 가서 반납하지 않아도 된다. 이것은 비단 직원들에게만 해당되는 것은 아니다. 자포스를 방문한 손님이거나 견학 온 사람들 모두에게 해당된다.

앞에서 이미 소개했던 컨택센터의 승급 시스템인 '17개의 필수 업무 능력'도 교육 프로그램과 연계된 것이다. 이메일과 라이브 채팅 등 고객 응대에 있어서 필요한 다양한 능력들을 세분화해서, 개개인의 업무 기술을 향상시키기 위한 지정 학습 프로그램을 업무

진행과 병행해서 지속적으로 시킨다. 한 가지 기능을 습득하면 자연적으로 시급이 올라가기 때문에 직원에게는 매우 좋은 교육 프로그램인 셈이다.

콜센터 일은 임시직이거나 장래성이 별로 없는 일이라고 취급되기 쉬운데, 자포스는 컨택센터라는 직종을 전문화시키고 그 안에서 폭넓게 승진할 수 있고 연봉도 스스로의 노력으로 높일 수 있는 교육 프로그램을 갖추고 있다. 그러므로 자포스의 컨택센터 직원들은 자신의 일에 자부심을 가지고 있으며, 뛰어난 인재들이 자포스로 모여들고 있는 것이다. 자신의 노력 여하에 따라 인정받을 수도 있고 원하는 만큼 승진도 가능하다는 믿음을 주기 때문이다. 이런 장치들이 직원들로 하여금 스스로 열심히 열정을 가지고 일할 마음을 갖도록 하는 것이다.

자포스의 이런 방침이 컨택센터에만 국한되는 것은 아니다. 현재 개발 중인 리더 양성 프로그램 '파이프라인'은 입사한 지 5~7년 된 직원들을 리더로 양성하는 것을 목표로 한 교육 프로그램이다. 자포스 문화에 대한 정열과 헌신의 마음을 가진 인재가 회사와 함께 성장해나가고 오랫동안 함께 일할 수 있도록 사내에서 기회를 제공하는 것이다.

또한, 사내에 있는 상근 코치 제도도 '배우는 조직'으로서의 자포스의 진면목을 잘 보여준다. 이것은 '밀레니얼 세대(Millennials; 1980년부터 2000년에 걸쳐서 태어난 세대)'라고 불리는 새로운 노동

인구의 욕구를 사로잡은 유니크한 시험대로, 미국에서 큰 주목을 받고 있다.

밀레니얼 세대는 가정과 학교에서 언제나 칭찬받고 격려를 받아온 세대이다. 그리고 이들은 회사에서도 칭찬받기를 기대한다. 6개월이나 1년에 한 번 하는 평가로는 그들을 만족시키지 못한다. 매주, 아니 필요하다면 매일이라도 자신이 회사에 어떠한 공헌을 하고 있는지, 어떤 점을 더 신장시키면 좋을지 등에 대해 누군가로부터 지속적인 피드백을 받기를 원한다.

자포스를 필두로 한 직원의 개성과 개인의 힘을 중요하게 여기는 기업은 회사의 미래를 짊어질 밀레니얼 세대의 특징을 잘 파악해 코치나 멘토 제도를 갖춰 개인의 향상을 장려하고 촉진하고 있다.

'우리 회사는 나에게 무한대로 성장할 수 있는 기회를 제공해준다.' '내가 성장하면 성장할수록, 회사에도 보다 큰 공헌을 할 수 있다.'는 메시지는 밀레니얼 세대의 의욕으로 이어질 뿐만 아니라, 직원 전체의 사기와 생산성의 비약적인 향상에도 긍정적인 영향을 끼치고 있다.

직원의 목소리에 귀 기울여라

자포스가 직원의 목소리를 소중히 여기는 회사라는 것은, 자포스 문화에 관한 직원의 에세이를 모아서 매년 발행하는 〈컬처북

(Culture Book)》과 CEO인 토니 셰이와 COO 겸 CFO인 알프레드 린의 뉴스레터에도 잘 나타나 있다.

　대부분의 기업들은 "고객의 소리에 귀 기울이겠습니다."라고 이야기한다. 그렇지만 실상을 들여다보면 말만 앞서는 경우가 다반사이다. 고객 의견 카드에 불만사항이나 제안을 적어 보내도 답변을 받긴 어렵고, 콜센터 직원에게 불만을 얘기해도 회사의 입장만 전달할 뿐 고객의 의견은 무시하기 일쑤다.

　콜센터 직원과 매장 직원, 영업 담당자 등은 고객의 소리를 들을 기회가 가장 많은 현장에서 일하는 사람들이다. 본래 목적대로라면, 이 사람들은 기업의 얼굴이고 귀이고 귀중한 정보원이어야 한다. 그러나 현장에서 쉼 없이 들리는 고객의 소리가 기업의 지식으로서는 수집되지 않는다. 경영자의 귀에도 닿지 않는다. 따라서 경영에 활용되지 못하고 있다.

　왜 이런 일이 일어나는 것일까? 이유는 현장에 있는 직원들이 고객의 소리에 귀를 기울이지 않기 때문이다. 대부분의 사람들은 자신이 경험하고 당하는 것처럼, 타인에게도 그렇게 한다. 자신의 소리가 존중받지 못한다고 느끼는 직원이 어떻게 고객의 소리에 성의를 가지고 진지하게 귀를 기울일 수 있겠는가?

　직원으로부터 자발적인 마음을 이끌어내는 기업은 이 원칙을 잘 이해하고 있다. 그래서 이런 기업의 경영자는 우선 직원의 목소리와 그들의 의견에 귀를 기울인다. 직원과 고객 등 사람들의 의견이 매우 중요하다는 것을 인지하고 있으며, 기업 활동에 반영하도록 애쓴다.

1년에 한 번 발행되는 자포스의 〈컬처북〉에 물류센터 직원의 감동적인 글이 실린 적이 있다. 자포스는 매년 초에 전년도 업적을 발표하는 '올핸즈미팅(All Hands Meeting; 전 직원이 참석하는 행사)'을 개최하는데, 그 직원이 행사 중간에 토니에게 제안을 하나 했고, 그에 대한 토니의 반응을 글로 표현한 것이다.

"질의응답 시간에 토니에게 어떤 규정에 대해 질문을 했습니다. 나중에 검토하겠다고 대답을 하든지 아니면 뻔한 대답이 나올 거라고 생각했습니다. 그런데 토니는 그 규정에 대해서 주변 사람에게 서너 차례 질문을 하더니 그 자리에서 바로 그 규정을 바꾸겠다고 발표하더군요. 직원들은 박수를 치며 환호했고, 나는 너무 놀라 입을 다물 수 없었습니다."

자포스에는 이런 일화가 매우 많다.

트레이닝 기간 중 신입사원이 발표한 한마디 말이 계기가 되어, 바로 회의를 거쳐 회사 웹사이트에 그 내용을 반영하게 하는 등 예를 들기 시작하면 끝이 없다.

자포스를 비롯해서, 직원과 고객의 소리에 귀를 기울이는 기업은 고객에게 가장 가까운 현장의 직원을 정점으로, 역피라미드형의 커뮤니케이션 구도를 가지고 있다.

직원 한 사람 한 사람의 소리가 경영진의 귀와 전 직원들에게 잘 전달되는 개방형 조직을 만들기 위해 심혈을 기울인다. 그것은 직원들에게 '나는 회사에 공헌하고 있다.'는 의미를 부여해주고 자긍심을 가지도록 하는 중요한 역할을 한다.

직원의 개성을 활용하라

"고객을 감동시키기 위해서라면 무슨 일이든 할 수 있고, 또 해도 됩니다."

자포스 컨택센터 직원들의 좌담회 자리에서 어느 여성이 한 이 말은 듣는 사람에게 깊은 인상을 남기기에 충분했다.

"누구의 허가를 받을 필요도 없습니다. 고객과 한평생 이어갈 연결고리를 만든다는 사명에 부합되는 것이라면, 설령 규칙을 어겨도 괜찮습니다."

이들은 자신을 회사와 동일시하고 있었다. 회사의 신뢰와 지지를 받고 있다는 자신감이 바탕에 있기 때문에 당당하게 고객을 응대하는 것이 가능한 것이다. 자신이 회사를 짊어지고 있다는 주인의식에 가득 찬 자세는 회사가 직원들에게 부여한 선물이자 특권이다.

10인 10색이라는 말이 있다. 사람은 저마다 다르다는 말이다. 당연한 이야기이지만, 고객도 한 사람 한 사람이 다 다르다. 상황도 다르고, 욕구도 다르다. 남성이 있는가 하면 여성도 있고, 뉴욕에 사는 사람이 있는가 하면 캘리포니아에 사는 사람도 있다. 백인도 있고 흑인도 있다.

대량판매(Mass Marketing) 시장에서는 모든 고객을 동일하게 간주하고 대응했다. 상품과 서비스를 똑같이 제공해도 고객은 만족했다. 그러나 고객이 개성을 표현하고 온라인을 통해서 공통된 관심사를 가진 이들끼리 그룹을 형성하는 틈새경제(Mass Niche) 시장에서는 개인 고객의 욕구에 적절히 대응하는 것이 무엇보다 중요해졌다.

그러나 아직까지 대부분의 기업이나 콜센터는 고객 응대 매뉴얼과 스크립트를 가지고 있으며, 그것에 근거해서 고객을 응대하도록 직원을 교육하고 있다. 그것은 고객의 개성도, 직원의 개성도 고려하지 않는 처사다. 직원의 개성을 무시한 채 매뉴얼대로만 답하게 하는 것은 고객을 짜증나게 하고 그 결과 오히려 고객의 충성도를 떨어뜨리게 된다.

공업 경제 사회는 막바지에 이르렀고 서비스 경제 사회가 다가왔다. 그러나 서비스 현장은 아직까지 작업을 자동화하고 사람을 배제하는 것으로 효율화를 도모하려고 공장 작업 지침과 같은 규칙 속에서 움직이는 경우가 많다. 그 결과 서비스 현장에 엄연히 사람이 존재하는데도 불구하고, 본질적으로 사람의 장점이 최소화되는 기묘한 일이 일어나고 있다.

서비스 경제 사회에서 개성과 개인의 힘을 중시하는 기업은 공업 경제 사회에서 통용되었던 경영 규칙들이 반드시 다 효과적이지는 않다는 사실을 깨달았다.

서비스 현장에서는 사람이 가진 개성과 감성이 충분히 발휘되도록 해야 하고, 고객에게 최상의 감동 서비스를 경험하도록 해야 한다. 그 전제조건으로, 직원 각자가 자신들의 개성을 맘껏 발휘할 수 있는 환경을 만드는 것이 무엇보다 중요하다는 것을 이 기업들은 잘 알고 있다.

직원들이 만들어내는 자기 개성 표현과 그것이 발전되어 나타나는 팀워크의 표현 한 가지 한 가지가 모여서 기업문화의 양식이 된다. 또한 그것이 서로를 존중하고 기업에 공헌하도록 하는 마음을 기르는 것이다.

회사를 경영하는 책임자들은 직원들에게 이 회사의 모든 것은 당신들의 공헌으로 이루어지고 있다는 감사의 마음과 메시지를 전해야 한다.

정오 무렵이면 자포스 본사에서는 예정에 없던 퍼레이드가 벌어지곤 한다. 그 퍼레이드에는 당연히 일정표나 담당자가 있을 리 없다. 자포스 문화에 공헌하겠다는 마음을 가진 직원들과 부서가 자발적으로 벌이는 이벤트인 것이다.

한번은 이런 일이 있었다고 한다. 시스템 개발 부서 엔지니어들이 소프트웨어 버그 구제 프로젝트와 관련한 퍼레이드를 벌였다. 그들은 여러 종류의 곤충 복장으로 재미난 분장을 하고 사내 곳곳을 천천히 행진했다.

마침 그날은 미국 인기 뉴스 프로그램인 〈60분〉에서 자포스를 취재하기 위해 나온 날이었다. 취재진의 눈에 이 퍼레이드는 자율적이고 개성을 중시하며 직원들 각자가 회사에 공헌하기 위해 애쓰는 자포스의 문화를 보여주기에 안성맞춤인 취재거리였다. 그들의 카메라는 그 기발하고 재미난 장면을 1초도 놓치지 않았고, 뉴스는 미국 전역에 퍼져나갔다.

개성을 발휘하는 방법은 각 기업의 문화에 따라 다양하게 표현될 것이다. 자포스의 퍼레이드가 다른 기업에서 봤을 때는 유치하고 어이없어 보일 수도 있다. 그러나 개성을 중시하고 개인의 힘을 믿는 기업들은 직원들이 회사에 공헌하기 위해 하는 모든 행동을 환영하고 그들의 노력을 높이 평가한다는 특징을 가지고 있다.

고객 감동 서비스는 공유하라

자포스처럼 직원과 고객의 개성을 중시하고 서비스 컴퍼니를 지향하는 기업들은 나름의 '서비스 전설'을 가지고 있다. 그리고 그것은 1년에 한 번 정도 일어나는 희귀한 사건이 아니다. 그들의 서비스는 일상적으로 전설과 같은 이야기들을 만들어낸다. 그리고 그 이야기들은 직원들 사이에서 공유되고 칭찬을 주고받는 구조를 가지고 있다.

자포스에는 매일 고객들의 감동의 목소리가 물밀듯이 밀려온다. CEO 토니에게 배달되는 이메일, 컨택센터 팀장에게 전화로 들려오는 찬사 등 고객들이 전하는 감동의 소리는 사내 이메일을 통해 전 직원에게 회람된다. 직원들은 이 회람을 즐거운 마음으로 기다린다. 그리고 고객에게 감동을 선사한 직원에게 다른 직원들은 '축하해!'라는 인사를 잊지 않는다.

토니에게

저는 15년 전에 '라이브퍼슨(LivePerson)'이라는 회사를 만들었고, 지금은 400여 명의 직원과 함께하고 있습니다. 1년 전부터 위대한 기업들을 위대하게 만드는 요인이 무엇인지 찾아볼 요량으로 구글, 포시즌, 자포스 등을 살펴보게 되었습니다.

운 좋게도 라스베이거스에 있는 자포스 본사에 가서 투어도 하고 토니 당신과 미팅도 할 수 있었지요. 그날 저는 왜 위대한 문화가 위대한 기업을 만드는지 다시금 깨닫게 되었습니다.

몇 주 뒤 우리는 전체 회의에서 자포스에 대해 많은 이야기를 나누었고, 우리의 핵심가치인 "회사의 주인이 되자."와 "다른 사람을 돕자."를 더욱 철저히 실천하기로 했습니다.

우리 회사가 자포스처럼 되려면 몇 달, 혹은 몇 년이 더 걸릴 것입니다. 하지만 다른 회사와 차별화되고 더욱 위대해지기 위해 위험을 감수하고자 하는 우리 모두에게 토니와 자포스 직원들은 정말 큰 힘이 되고 있습니다.

지난 3일 동안 우리가 토론한 것을 기록한 비디오를 첨부합니다. 당신이 여러 사람들과 함께 나눠주길 바랍니다. 감사합니다.

– 롭으로부터

저는 신발을 살 때 자포스만 이용해요. 제품, 브랜드, 스타일, 가격이 좋아서이기도 하지만 자포스만 찾는 이유는 사람 때문입니다. 자포스 직원들은 저와 대화하고, 믿어주고, 저를 즐겁게 해줍니다. 저는 장애인이라서 혼자 쇼핑을 나갈 수가 없지만, 자포스 덕분에 멋진 스타일을 유지하고 있답니다. 정말 고맙습니다.

– 크리스틴 K.

남편에게 받은 크리스마스카드를 실수로 반품 상자에 넣어서 보낸 적이 있습니다. 그런데 일주일쯤 뒤에 자포스에서 남편의 카드를 상자에 담아서 보내주었어요. 시간을 내서 이런 일을 한 것도 놀랍지만 비용까지 모두 자포스가 부담하다니, 그 서비스에 정말 깜짝 놀랐습니다. 앞으로도 신발은 꼭 자포스에서 살 생각이에요.

– 리사 C.

서비스 전설은 영웅을 만들고, 고객들에게 새로운 감동 서비스를 하려는 직원들의 의욕으로 연결된다.

자포스의 서비스 전설이 지속될 수 있었던 이유는 자포스가 계속해서 배우려는 자세를 취하고 있기 때문이다. 자포스는 고객을 응대할 때, 의사 결정권을 100% 직원 재량에 맡기고 있다. 어느 한 직원이 동료 직원의 서비스에 관련된 이야기를 듣고, '아! 그런 일을 해도 되는구나.'라고 깨닫고 그것을 따라 해볼 수도 있고, 그것과는 다르지만 자신의 재량권을 100% 활용하여 고객을 감동시키는 서비스를 제공하기도 한다.

자포스의 서비스 전설은 직원뿐만이 아니라, 고객들 사이에서도 공유되고 있다. 고객이 전달한 감사의 이야기들은 접수되고 나서 즉시 자포스 웹사이트에 게재된다. 전설의 서비스는 그런 과정을 거치면서 브랜드 가치를 만들어가고 그것을 더욱 견고히 하는 것이다.

마케팅 혁명가 세스 고딘은 "브랜드는 신화다."라고 했다. 자포스는 그것을 매우 잘 실천하고 있다. 사람들은 모두 스토리를 좋아한다. 서비스 전설의 공유를 통한 브랜딩은 어떤 매스미디어 광고보다도 신뢰성이 풍부하고 임팩트는 훨씬 더 강하다.

함께하는 이벤트를 마련하라

자포스에는 '크루즈 매니저(Cruise Ship Manager)'라는 직책이 있다. 이것은 인사팀 업무 중 한 분야로서, 직원들의 참여 의식과 소속 의식을 높이는 것을 목적으로 하는 모든 활동을 기획하고 운영하는 역할을 담당한다.

이 부서의 이름이 크루즈 매니저인 것은 그들이 크루즈 선상의 다양한 엔터테인먼트와 이벤트를 통해, 승객의 경험 가치와 만족도를 높이는 역할을 맡고 있기 때문일 것이다. 자포스 직원들은 '자포스 크루즈'라는 배에 승선한 승객 중 한 명인 것이다.

크루즈 매니저가 기획하고 운영하는 활동은 크게 3가지로 나눌 수 있다. 사내 교류 이벤트와 사회공헌 활동, 그리고 포상 이벤트이다.

사내 교류 이벤트는 매년 실시하는 직원 워크숍과 할로윈 파티 등이다. 또 자포스 사내의 웹 게시판인 '자포스 커뮤니티 뉴스레터'를 운영하는 것도 이들의 일이다. 이 뉴스레터 게시판에는 직원들끼리 필요한 물건을 사고파는 '장터 게시판'과 '스타워즈 팬클럽' '하이킹 클럽' '독일어 회화 클럽' 등 사내 동호회 게시판도 포함되어 있다.

자포스는 지역사회와 다양한 NGO를 지원하는 사회공헌 활동도 활발히 전개하고 있다. 특히 암 투병 중인 어린이들을 지원하는 비영리단체, 네바다 주 소아암기금(Nevada Childhood Cancer

Foundation) 등과 긴밀한 파트너십을 맺고 있다. 앞에서 언급했듯이, 뜻을 같이하는 직원들이 서로의 머리카락을 밀어주고, 그것을 암 투병 중인 어린이들의 가발 제작에 기부하는 행사나 다양한 도네이션 파티 등을 통해 사회와 더불어 가는 기업을 만들고 있다.

포상 이벤트로는, '핵심가치 추진상'이란 것이 눈에 띈다. 이것은 직원들이 자유 투표로 선정하는 것인데, 본사 로비에 설치된 투표함에 자포스의 핵심가치 추진에 공헌을 많이 한 직원의 이름을 써넣으면 된다.

또 핵심가치 중 하나가 인쇄된 상품을 동료들끼리 선물로 주고받기도 한다. 이 상품들은 인사팀에서 1개에 1달러씩 판매하고 있기 때문에, 직원이라면 누구라도 자유롭게 구입할 수 있다.

각 사원의 회사에 대한 애사심과 소속 의식이 세일즈나 고객 서비스 등의 고객접점과 브랜딩 등의 활동에만 국한되지 않고, 기업의 가치 생산활동 전반에 엄청난 영향을 끼치고 있다는 점을 미국 비즈니스계는 주목하고 있다.

Part. 7

자포스에서 배운
리더의 자세

The
Zappos
Miracles

01

강한 신념을 갖는다

직원과 고객의 개성을 소중히 여기고 서비스 컴퍼니를 실현하려면 리더가 강한 신념을 갖고 있어야 한다.

기업과 고객의 만남은 매장 직원이나 콜센터 직원, 영업 담당자 등 일반 직원에 의해 이루어진다. 고객은 이 직원들과의 만남을 통해 감동을 받기도 하고 화를 내기도 하며, 불쾌한 경험을 하기도 한다. 고객에게 있어 현장에서 마주치는 직원들은 '기업 그 자체'인 것이다.

서비스 현장의 주인공은 직원이다. 직원의 말과 행동이 기업 브랜드를 결정한다. 직원이 무엇인가 잘못을 저질렀을 때, 그 잘못을 직원 개인의 실수로 돌리는 기업은 진정한 기업이라고 할 수 없다.

고객에게는 '직원이 곧 기업'이기 때문에 기업은 각 직원의 말과 행동을 자사의 가치관과 서비스 정신으로 무장시켜야 한다.

리더에게 이것은 매우 어렵고도 중요한 부분이다. 자신이 고객과 직접 만나는 것이 오히려 쉬울 수 있지만, 그렇다고 해서 리더가 매 순간 그럴 수는 없는 노릇이다.

결국, 고객과 직접 만나는 서비스 현장의 직원들을 독려하고 서비스 정신을 높여야 하는데, 일회성이 아니라 매 순간 지속 가능한 방법을 찾기란 쉬운 일이 아니다.

'서비스 브랜드'나 '감동 서비스'라는 가치관을 살리는 것은 우선 리더에서 시작된다. 리더의 신념이 직원을 감동시켜야 회사를 바꾸어나갈 수 있다. 직원 모두가 고객의 마음을 움직이는 감동 서비스에 정열을 기울일 수 있는 환경을 만드는 것이 리더의 역할이다.

02
기업문화를 엄격히 관리한다

직원과 고객을 감동시키려는 신념만 가지고는 안 된다. 리더는 기업문화나 가치관을 엄격하게 관리해야 한다. 듣기 좋은 사훈이나 슬로건을 주창하는 것에 그치는 것이 아니라, 그것을 전 직원이 실천하도록 격려하고 끊임없는 노력을 요구해야 한다.

하지만 리더가 전 직원을 독려하고 노력을 요구하기 이전에, 그 스스로 전도사의 역할을 하는 것이 아주 중요하다. 먼저 말하고 먼저 실천해야 한다.

서비스 문화 육성과 강화를 위해, 필요한 프로세스나 툴이 무엇인지 연구하고 시스템을 갖춰야 한다. 리더가 생각하는 기업문화와 가치관에 동의하고 열정적으로 참여할 수 있는 인재를 찾아야 한다. 그들을 중심으로 선구적인 팀을 구성하고 각 인재들에게 합당한 역할을 부여해야 한다.

그러나 때로는 단호한 결단을 내려야 할 때도 있다는 것을 잊으면 안 된다. 아무리 유능한 인재라 하더라도 기업문화를 어지럽힌다고 판단되면, 그 사람을 계속 조직 구성원으로 끌어안으면 안 된다. 미꾸라지 한 마리가 냇물 전체를 진흙탕으로 만들 수도 있음을 명심해야 한다. 사과 박스 안에 썩은 사과 한 개가 있으면 다른 사과도 썩게 만들 수 있다. 썩은 사과를 가려내서 버리는 것이 리더의 할 일이다.

03
먼저 실천한다

리더는 자신에게 엄격하고 타인에게 관대해야 한다. 기업문화와 가치관의 실천에 대해서도 마찬가지다. 리더 자신이 먼저 엄격하게 기업문화와 가치관을 실천하고 본보기를 보여야 한다. 직원들에게만 실천을 요구하고, 자신은 리더니까 특별대우를 받아도 괜찮다는 식으로 행동한다면 그 기업의 문화와 가치관은 유명무실하게 될 것이다.

자포스 CEO 토니 셰이는 참으로 겸손하고 겸허한 사람이다. 그는 자포스의 핵심가치 중 하나인 '겸허함'의 본보기다. 결코 자신을 과하게 드러내지 않고, 자신의 주장을 강하게 어필하지도 않는다. 회사에 성과가 있을 때에는 설령 그것이 토니 본인 때문에 생긴 것일지라도 '모두의 성과'라고 말한다.

뒤에서 따라오는 사람이 있을 때는 문을 열어 기다려주고, 모르는 사람에게도 친절하게 인사한다. 회사의 행사에는 직원과 똑같이 참가하고, 필요하면 익살꾼이 되어 모두를 즐겁게 해준다. 크리스마스 시즌에는 컨택센터에서 고객의 전화를 받으며 최상의 고객서비스 창조에 기꺼이 참여한다.

토니의 실천주의적 자세는 직원들에게 강렬한 메시지를 준다. 직원들은 본보기로서의 토니를 보며, 우리도 열심히 열정을 가지고 해보자는 마음을 갖게 된다. 고객 응대에서 어려운 일이 생기면, 자포스 직원들은 '토니라면 이 상황에서 어떻게 할까?'라는 질문을 자연스럽게 해본다고 한다.

본보기를 보여주는 리더와의 일체감과 그를 향한 존경의 마음은 변혁을 향해 직원들을 추동시키는 중요한 요소이다.

04
___
자신을 꾸미지 않는다

앞에서 말한 리더의 조건들은 한편으로는 매우 어려워 보이기도 한다. 혹자는 성인이 아니고서는 그것들을 실천하기 어렵다고 말할 수도 있다.

그러나 진정한 리더는 자신을 포장하거나 그럴싸하게 둘러대지 않는다. 오히려 자신의 결점과 실수를 깨끗이 인정하고 변혁을 향해 적극적으로 나아간다.

개성을 존중하는 리더들은 대부분 소박하고 소탈하다. 언뜻 보기에 CEO나 사장이라는 지위와는 무관한 것처럼 보인다. 그들은 돈과 권력 그리고 직책 때문에 존경받는 것이 아니다. 기업이라는 공동체를 최우선으로 생각하고, 공동체가 보다 풍성해지도록 최선을 다하는 자세 때문에 존경과 사랑을 받는 것이다.

이런 회사의 직원들은 자신들의 리더에 대한 이야기를 할 때 마음으로부터 친밀감을 느낀다.

05

평등한 관계를 추구한다

리더에게는 공평함도 매우 중요한 덕목 중 하나다.

자포스처럼 사람을 소중히 여기는 기업의 대부분은 평등한 구조의 조직을 가지고 있다. 자포스 직원은 누구라도 CEO 토니 셰이나 COO 겸 CFO인 알프레드 린과 같은 최고 경영진에게 이메일을 보낼 수 있다. 그리고 최고 경영진들은 메일을 누가 보냈건, 자신에게 온 메일에 차별을 두지 않고 답장을 한다.

이런 기업들은 상하 연결고리가 아닌 평등한 관계를 중시한다. 어떤 제안을 낸 사람이 CEO이건 직원이건 그 제안을 소중히 여긴다. 정보나 의견, 지혜가 조직 내에서 종횡무진 왔다 갔다 한다. 우수한 아이디어는 매우 빨리 받아들이고 활발한 토의를 거쳐 실행에 옮긴다.

또한 이런 기업의 리더들은 자신을 특별 취급하지 않는다. 직원들에게 부여되는 과제는 자신의 과제이기도 하다. 오히려 자신과 다른 경영진에 대한 요구를 직원들에 대한 요구보다 더 엄격하고 중요하게 생각한다.

06
다른 사람의 의견을 존중한다

리더들은 평생 배우는 마음과 자세를 견지해야 한다. 그들에겐 다른 사람의 목소리를 듣는 일, 즉 경청도 배움의 한 방법이다. 그들은 다른 사람들의 말과 소리에는 뛰어난 지혜가 들어 있다는 것을 잘 알고 있다. 그래서 사람들의 이야기를 들을 수 있거나 사람과 이야기를 나눌 기회를 찾아다닌다.

미국 의료기관의 서비스 분화를 혁신한 것으로 유명한 퀸트 스튜더(Quint Studer)는 리더가 몸에 익혀야 할 습관의 하나로 '순회'를 들고 있다. 순회란 리더가 현장을 방문해서 현장의 상황을 살피고, 지혜를 얻기 위해 현장 직원들과 대화를 나누는 것을 말한다. 리더가 현장의 목소리에 귀를 기울이는 모습을 보면, 현장의 직원들은 자신과 자신의 의견이 소중히 여겨지고 있다고 느끼게 된다. 또한 리더는 이런 기회를 통해 자신이 볼 수 없고 알 수 없었던 것을 직접 접하게 되므로 개선의 아이디어를 얻을 수 있는 절호의 기회를 만나게 되는 것이다.

고객의 목소리에 귀 기울이는 회사를 만들기 위해서는 우선 사내 의견, 즉 직원들의 목소리에 귀 기울이는 기업문화를 장려해야 한다. 또한 사내 목소리를 경청하는 문화를 육성하기 위해서는 리더가 먼저 경청하는 자세를 가져야 한다.

세계 최대 사무용품 유통업체인 스테이플스(Staples) 사는 일주일에 한 번, 약 한 시간씩 본사에서 일하는 직원들이 대강당에 모여서 콜센터에 걸려오는 고객의 전화를 직접 경청한다. 본사에서 일하는 직원들 중에서 원하는 사람은 누구라도 참가할 수 있는 자리다. CEO 등 최고 경영진도 되도록 참가하려 한다. 고객의 소리를 듣는 일이 중요하다는 것을 최고 경영자 스스로가 행동을 통해 직원 전체에게 보여주는 것이다.

경청의 습관은 지속적인 노력에 의해 단련되는 것이다. 이 습관을 내재화하는 데는 많은 시간과 노력이 필요하지만, 그것은 예상외로 큰 수확을 가져온다.

07
자기만족에 빠지지 않는다

성장하는 기업의 리더는 현재에 안주하지 않는다. 개선에는 끝이 없다는 진리를 한순간도 잊지 않고 있다. 주변에서 칭찬을 해도 그들은 항상 '어떻게 하면 좀 더 발전할 수 있을까?'라는 질문을 멈추지 않는다. 현재에 만족하는 것은 '발전의 마지막'이라고 생각하기 때문이다.

리더에게 자기만족과 교만은 최대의 적이다. 리더는 기업의 성장에도 겸허해야 한다. 겸허함은 발전의 자양분이기 때문이다.

또한 이런 리더들은 경쟁을 향상의 지표로 삼지 않는다. 상품이나 가격, 마케팅 전략 등 어떤 것에 대해서도 타사의 것과 경쟁해서 비교하지 않는다.

그들은 모방 또한 하지 않는다. 대신, 항상 자신의 현재를 기준으로 삼아 어떻게 하면 지금보다 좋아질 수 있는가를 연구한다. 그래서 설령 지금 1등을 달리고 있다 해도, 자만하거나 자기만족에 빠지지 않는다. 그들은 항상 끝없는 향상을 지향한다.

08

직원에게 투자한다

좋은 리더는 자신보다 우수한 리더를 양성하고자 노력한다. 이
것은 단순히 후계자 육성을 의미하지 않는다.

직원 한 사람 한 사람이 성장하고 무엇인가를 달성하게 되면, 그
것은 회사의 성장과 기업의 달성이라고 생각한다. 직원들의 수준
이 한 단계 한 단계 올라가면, 회사 전체의 수준도 무한대로 향상
될 수 있다고 생각한다.

발전하는 기업은 대부분 절약을 중시한다. 그렇다고 해서 그 기
업들이 짠돌이라는 말은 아니다. 그들은 꼭 필요한 곳에, 꼭 필요
한 사람에게는 아낌없이 투자한다. 또한 직원의 성장을 위해서도
아낌없이 투자한다. 그것이 곧 회사를 위한 투자라는 사실을 알고
있기 때문이다.

09
작은 회사의 장점을 유지한다

직원과 고객을 중시하는 기업의 리더들은 기업의 규모가 비대해져도 작은 규모일 때처럼 행동해야 한다. 사람과의 관계가 무엇보다 중요한 것임을 잊어서는 안 된다. 특히, 인터넷의 보급이 가속화되면서 그 중요성은 한층 커지고 있다.

이런 기업들의 리더는 가능한 한 많은 시간을 직원들과 함께 보낸다. 회사 복도를 걷고, 직원과 인사를 나누고, 회사의 카페테리아에서 직원과 점심을 함께한다. 직원들이 어떤 기분으로 일하고 있는지, 어떤 걱정거리가 있는지 세세한 부분까지 늘 배려한다.

자신 주위에 벽을 만들지 않고, 가까이 다가갈 수 있는 분위기를 만들기 위해 애를 쓴다. 만약 어느 순간부터 직원들이 말을 걸어오지 않는다면, 그것은 주의신호라고 생각해야 한다.

고객과도 접촉할 기회를 만들어야 한다. 인터넷의 보급으로 맘만 먹으면 언제든지 고객과의 만남이 가능해졌다. 자포스 토니 셰이의 경우 트위터와 블로그를 통해 직원은 물론 고객들과 소통하고 있으며, 그의 트위터를 구독하는 사람이 170만 명을 넘어섰다.

직원과 고객 모두에게 친근감을 주는 것, 그것은 현 시대 리더에게 주어진 책무이자 기본 조건이다.

10
행복의 달인이 된다

직원이 행복하게 일할 수 있는 환경을 만드는 것 또한 매우 중요하다. 기업문화와 가치관에서 누누이 말했지만, 그것과 마찬가지로 직장의 행복 또한 리더의 행복에서 비롯된다.

리더는 행복의 달인이 되어야 한다. 일에 대한 정열을 망설임 없이 표현하고, 자신이 느끼는 흥분을 직원과 고객에게 능숙히 전달해야 한다.

미국의 유명한 기업가인 허먼 케인(Herman Cain)은 "성공은 행복을 얻기 위한 열쇠가 아니다. 오히려 행복이야말로 성공을 손에 얻기 위한 열쇠이다. 열정을 가지고 열심히 몰두한다면, 반드시 성공으로 연결된다."고 했다.

리더와 직원들의 열정은 그들의 행복과 분리될 수 없는 관계를 맺고 있음을 잊으면 안 된다.

11

직원과 고객을 섬긴다

리더의 리더십은 서비스다. 리더는 권력을 가진 사람이 아니다. 리더는 기업이라는 공동체의 가치 환원을 목적으로 회사의 자원을 운영하는 역할을 담당하는 자리라고 인식하고 행동해야 한다. 즉, 회사의 더 큰 이익과 성장을 위해 직원을 섬기는 직책이 리더, 곧 경영자인 것이다.

사람의 목소리에 귀를 기울이는 것, 기업문화의 치어리더로서 깃발을 흔드는 것, 비전을 그리는 것, 그곳에 도달하기 위한 길을 보여주는 것, 직원의 성장에 투자하는 것, 직원과 고객이 행복해질 수 있는 구도를 만드는 것 등 이 모든 것은 리더가 회사라는 공동체에 제공하는 서비스다.

리더 스스로가 서비스의 본질을 이해하고 실천할 때, 직원의 마음이 움직인다. 그리고 마음이 움직인 직원들은 회사가 성장하도록 스스로 힘을 발휘하게 된다.

불황을 이기는 힘,
자포스에서
배워라

초판 1쇄 발행 2010년 8월 10일
개정판 2쇄 발행 2020년 3월 5일

글쓴이 | 이시즈카 시노부
옮긴이 | 이건호
펴낸이 | 金滇珉
펴낸곳 | 북로그컴퍼니
편집부 | 김옥자·김현영·김나정
디자인 | 김승은·송지애
마케팅 | 김정호
경영기획 | 김형곤
주소 | 서울시 마포구 월드컵북로1길 60(서교동), 5층
전화 | 02-738-0214
팩스 | 02-738-1030
등록 | 제2010-000174호

ISBN 979-11-90224-30-7 03320

· 원고투고: blc2009@hanmail.net
· 잘못된 책은 구입하신 서점에서 바꿔드립니다.
· 이 도서의 국립중앙도서관 출판예정도서목록(CIP)은 서지정보유통지원시스템 홈페이지
  (http://seoji.nl.go.kr)와 국가자료공동목록시스템(http://www.nl.go.kr/kolisnet)에서
  이용하실 수 있습니다.(CIP제어번호:CIP2020000620)

· 시목始木은 북로그컴퍼니의 인문·경제경영 브랜드입니다. 지혜의 숲을 가꾸기 위한 첫 나무가
  되도록 한 권 한 권 정성껏 만들겠습니다.